Josef Bordat

Corona und Klima. Zur Deutung des Wandels

Für die Angehörigen der Opfer
der Corona-Pandemie

und

im Gedenken an meinen Vater
Jozef Bordat (1932-2021)

© 2021 Josef Bordat

Verlag & Druck:
tredition GmbH, Halenreie 40-44, 22 359 Hamburg

978-3-347-28 206-3 (Paperback)
978-3-347-28 207-0 (Hardcover)
978-3-347-28 208-7 (e-Book)

Bibliografische Information der Deutschen Nationalbibliothek:
Die Deutsche Nationalbibliothek verzeichnet diese Publikation in der Deutschen Nationalbibliografie; detaillierte bibliografische Daten sind im Internet über http://dnb.d-nb.de abrufbar.

Vorwort

Als ich mich zur Abfassung des Manuskripts für das vorliegende Buch entschloss, fühlte ich die globale Dimension der Corona-Pandemie besonders stark, weil zeitgleich sowohl in Deutschland als auch in Peru, der Heimat meiner Frau, viele Menschen, die uns nahe stehen, in der einen oder anderen Weise schwer betroffen waren. Erkrankungen, soziale Notlagen, Todesfälle. Eine echte Krise.

Wie damit umgehen? Die Frage nach dem Warum begleitete mich über Wochen und Monate. Als gläubiger Mensch richtete ich diese Frage an Gott, als Staatsbürger aber auch an das Gesundheitssystem, an die Politik, an Menschen. Mit der Warum-Frage bin ich nicht allein in dieser Zeit. Es ist dies vielmehr die klassische Frage angesichts der Krise.

Etwas darüber hinausgeblickt, entdeckte ich den Wandel, der von uns gedeutet werden will. Die Krise beschränkt sich nicht auf die Corona-Pandemie, deren Ende absehbar ist. Der Klimawandel und die damit einhergehende globale Erwärmung bilden eine weitere Ausdrucksform der Krise in unserer Zeit. Nur kurz überlagerte das Virus diesen Topos.

Corona, Klima – Wie den Wandel deuten? Mit dieser Frage habe ich mich auseinandergesetzt und dabei auch auf Texte zurückgegriffen, die im Zusammenhang mit meiner wissenschaftlichen Arbeit zum Deutungsmusterwandel entstanden sind, eine Arbeit, die seinerzeit den Kern meiner Post Doc-Forschungsstelle an der Freien Universität Berlin (2011-2014) bildete und – eigentlich – in eine Habilitation einmünden sollte. Dazu kam es – aus unterschiedlichen Gründen – nicht.

Ich hoffe, dass die vorliegende Abhandlung Hilfe leisten kann, bei dem Versuch, den Wandel und seine Konsequenzen besser zu verstehen, die missliche Lage besser in den Griff zu bekommen, besser mit Veränderungen umzugehen. Einen Trost wird sie nicht bieten können, auch mir bietet sie keinen Trost im Schmerz des Verlustes lieber Menschen. Das Schreiben selbst hat jedoch eine gewisse Abwechslung in meinen stupiden Corona-Alltag bringen können. Wenigstens das.

Berlin, im Juli 2021   Josef Bordat

Inhaltsverzeichnis

„Und dann kam Corona..."

Eine ganz kurze Einführung ins Krisengeschäft

1. Seit gut einem Jahr hat sie uns im Griff, die Corona-Pandemie.[1] Corona – Sie werden es nicht mehr hören können, ich kann es auch nicht mehr hören. Aber die Pandemie ist Teil unserer neuen Realität. Sie gesellt sich als Krisengestalt zu einem Phänomen, dass uns schon vor Corona beschäftigte und das uns noch länger beschäftigen wird als die Pandemie, deren Ende absehbar ist. Ich meine den Klimawandel. Und als sei das nicht genug, geht der „ganz normale Wahnsinn" weiter: Kriege, Terrorismus, Naturkatastrophen.

Seit gut einem Jahr gibt es aber nur noch ein beherrschendes Thema: Corona oder COVID-19. Die Corona-/COVID-19-Pandemie ist nach der Russischen Grippe (1889-1890), der Beulenpest (1894-1912), der Spanischen Grippe (1918-20), der Asiatischen Grippe (1957-1958), der Siebten Cholera-Pandemie (1961-1990), der Hongkong-Grippe (1968-1970), der neuen Russischen Grippe (1977-1978), AIDS (seit 1980) und diversen weltweiten Virusgrippewellen (1995-1996, 2004-2005, 2009-2010, 2017-2018, 2019-2020), die mehr oder weniger glimpflich verliefen, eine besonders schlimme globale Pandemie, mit einem hochansteckenden, aggressiven Erreger aus der Familie der Corona-Viren (SARS-CoV-2), der schwere Erkrankungen der Atemwege, der Bronchien und der Lunge hervorrufen kann, die in etwa jedem fünfzigsten Krankheitsfall tödlich verlaufen.

Es ist die erste globale Pandemie des 21. Jahrhunderts mit mehr als einer Million Todesfällen[2], bei mittlerweile wohl mehr als 100 Millionen Infizierten[3]. Die Corona-Pandemie stürzte die Weltwirtschaft und die westlichen Gesellschaften in eine tiefe soziale und politische Krise. Von daher ist auch oft von der *Corona-Krise* die Rede. Es ist nicht die erste Krise und sicher auch nicht die letzte, die wir gemeinsam durchleben müssen. Ohnehin scheinen wir uns von einer (vermeintlichen) zur nächsten (tatsächlichen) Krise zu hangeln. Finanz-, Flüchtlings-, Klima-, Bildungs-, Kirchen-, Corona-Krise. Der Krisenmodus ist das neue Normal im 21. Jahrhundert.

---

1 Die Niederschrift des Manuskripts erfolgte im April und Mai 2021.
2 Am 20. Mai 2021 wurden etwa 3,42 Millionen Todesfälle im Zusammenhang mit Erkrankungen, die durch das SARS-CoV-2-Virus ausgelöst wurden, berichtet.
3 Am 20. Mai 2021 wurde gemeldet, das sich seit Beginn der Pandemie etwa 165 Millionen Menschen mit dem SARS-CoV-2-Virus infiziert haben.

Und eins steht – wie schon angedeutet – fest: Nach der Corona-Krise kommt die Klima-Krise mit voller Wucht zurück. Es ist dies wohl auch die einzige Krise, die das 21. Jahrhundert komplett begleiten wird – alle anderen Krisen sind temporäre Erscheinungen. Die Klimakrise spitzt sich zu. 2020 lag die Durchschnittstemperatur zwei Grad über dem Normalwert der letzten 200 Jahre. Die Klimaziele konnten zwar eingehalten werden, weil alles, was sonst viel CO_2 ausstößt (der Flugverkehr etwa), deutlich heruntergefahren wurde, aber nachhaltige Veränderungen lassen immer noch auf sich warten. 2020 war auch das Jahr, in dem der Berliner Großflughafen BER eröffnet wurde (mit mehr als acht Jahren Verspätung).

Was für den Moment in der Rückschau der letzten Monate bleibt, ist eine tiefgreifende Ambivalenzerfahrung angesichts der Gleichzeitigkeit von Egoismus und Solidarität, Zerrüttung und Zusammenhalt. Klopapier- und Nudelhamster, junge Menschen, die den älteren Nachbarn ihre Hilfe beim Einkaufen anbieten, Corona-Demos, die alle Regeln mit Füßen treten, Forscher im 24/7-Modus auf der Suche nach einem Impfstoff – all das geschah gleichzeitig. Nun setzt sich unter diesen gesellschaftlichen Vorzeichen die Klima-Krise fort. Wir werden uns ändern (müssen). Bereits geschehene Anpassung (wegen Corona) müssen fortgesetzt werden (wegen des Klimas): Arbeit, Mobilität, Freizeit – viele Gewohnheiten müssen auf den Prüfstand. Kein leichter Weg, der vor uns liegt.

2. Passieren Dinge, die uns negativ betreffen, sind wir zunächst irritiert. Nach Lösung der Schockstarre müssen wir darauf reagieren. Jede Krise sei eine Chance, hört man oft. Doch was, wenn die Ereignisse eine Schwere annehmen, die ohne Zynismus kaum als Chance (noch nicht mal als Bewährungschance) angesehen werden kann? Wir werden durcheinandergeschüttelt und auch die Dinge des Lebens, die nicht direkt mit dem Geschehen verbunden sind, ändern sich dramatisch. Eine schwere Diagnose, ein Verlusterlebnis, ein Unfall – das hat Auswirkungen auf den Alltag. Wir müssen uns auf die damit verbundenen Veränderungen einstellen. Sie wenden unser Leben, oft ganz plötzlich, Tendenz abwärts. Eine plötzliche Abwärtswendung – das heißt auf Griechisch „καταστροφή", Katastrophe. In der Antike wurde „Katastrophe" noch wertneutral verwendet, etwa, um die Kehre in der Dramaturgie eines Theaterstücks zu bezeichnen. Heute ist das, was mit „Katastrophe" bezeichnet wird, eindeutig negativ: Eine Katastrophe ist die Wendung bzw. der Wandel zum Schlechten.

Von einigen Katastrophen ist nicht nur der Einzelne oder sind nicht nur einige wenige Menschen (etwa eine Familie) betroffen, sondern eine ganze Gesellschaft. Erdbeben, Überschwemmungen, Missernten. Manchmal ist auch die ganze Welt betroffen. Wenn etwa ein riesiger Meteorit einschlägt, wie vor 60 Millionen Jahren, und dem Leben auf Erden für Jahre das Licht ausknipst. Oder, wenn ein winziges Virus sich ausbreitet, überall. Oder, wenn das Klima aus den Fugen gerät. Corona und der Klimawandel – es ist dieses katastrophische Paar, das uns im dritten Jahrzehnt des 21. Jahrhunderts beschäftigt. Mich auch, daher dieses Buch.

3. Folgt man dem FAKKEL-Modell aus der Katastrophensoziologie, so blüht uns in Sachen Corona noch einiges; das Problem, das demnach ursächlich zur sozialen Katastrophe führt, nämlich die Kommunikationsprobleme zwischen Experten und Laien, hat sich hier bisher nur angedeutet.[4] Voll entfaltet, dürfte es die Katastrophe vertiefen. Besonders beängstigend, dass in ähnlicher Weise auch das schleichende katastrophische Megaereignis des 21. Jahrhunderts in den Strudel missglückter Kommunikation zu geraten droht: der Klimawandel. Das wäre der Fall, wenn die Rolle des Menschen verharmlost oder gar bestritten und damit der *anthropogene* Klimawandel grundsätzlich in Zweifel gezogen wird würde. Bisweilen *ist* das der Fall. Dabei wird ein tiefes Misstrauen in die Wissenschaft und die darauf fußenden Politikoptionen spürbar. Als Skepsis getarnt, ist es oft nur die schroffe Zurückweisung von Expertise durch Laien, die mit ihrem ebenso ängstlichen wie aggressiven Abstreiten des Katastrophischen die Katastrophe nur verstetigen oder gar verschlimmern.

Katastrophengeschichte ist (auch) Kommunikationsgeschichte, die Pandemie geht mit der Infodemie Hand in Hand. Impfstoffe, Herdenimmunität, Polymerase-Kettenreaktion (PCR)-Test, Sieben-Tage-Inzidenz und so weiter. Wir sind mittlerweile zu Experten geworden, möchte man meinen. Doch diese „Expertise" zeigt im Grunde nur die Ambivalenz der Informations- und Wis-

---

4 Die Kieler Schule der Katastrophensoziologie um Lars Clausen entwickelte bereits in den 1980er Jahren ein Modell, dass den Ausgangspunkt für Katastrophen in der mangelnden Kommunikation zwischen Experten und Laien sieht. Diese Kommunikationsstörungen lösen die Phasen der sozialen Katastrophe aus bzw. wirken verstärkend auf sie: „Friedensstiftung", „Alltagsbildung", „Klassenformation", „Katastropheneintritt", „Ende aller Sicherheit" („die sozialen Netze brechen zusammen, das Vertrauen in die Experten ist gänzlich verloren gegangen, die Laien werden notgedrungen zu kurzsichtig fortwurstelnden ‚Katastrophenrealisten'", Wikipedia), „Liquidation der Werte". Zusammen ergibt sich die FAKKEL, die eine Gesellschaft in Brand stecken, die uns beim Gegensteuern aber auch erleuchten kann.

sensgesellschaft besonders deutlich. Einerseits: Es gibt immer mehr Information. Andererseits: Es gibt immer weniger Respekt vor dem Unterschied zwischen Information und Wissen. Wissenschaftskritische bis -feindliche Positionen entwickeln sich inmitten der größten Informationsdichte, die es je gab (man nennt dieses Füllhorn „Internet"). Das ist die Tragik unserer Tage.

4. Leben im Krisenmodus. Wie lässt sich damit umgehen? Wie lassen sich die Einschnitte deuten, die unser Leben belasten? Welche Deutungsmuster stehen uns zur Verfügung – jedem Einzelnen für sich selbst und der Gesellschaft im Ganzen? In der vorliegenden Schrift möchte ich eine historische und systematische Klärung hinsichtlich der Transformation des Rechtfertigungsdrucks angesichts von Krisen und Katastrophen vornehmen. Dargelegt wird dabei, wie sich das vorherrschende Deutungsmuster wandelte: von der „Theodizee" (Gerechtigkeit Gottes) über die „Technodizee" (Glaube an die Heils- und Erlösungswirkung technologischer Systeme) zur „Anthropodizee" (Verantwortlichkeit des Menschen). Dabei soll deutlich werden, unter welchen kulturellen Rahmenbedingungen es zu Ablösungsprozessen kam. Abschließend möchte ich einen Vorschlag wagen, wie Religion und Wissenschaft zusammenwirken können, um Menschen angesichts der aktuellen Corona-Krise und der zu erwartenden Klima-Krise Orientierung und Halt zu geben.

Dabei können wir aus der Vergangenheit lernen. Der Blick in die Geschichte (und in die Ideengeschichte, also: die Philosophiegeschichte) lohnt sich, auch wenn wir heute einige Deutungsmuster und Handlungsstrategie transformieren und säkularisieren. Ich möchte – wie bereits bemerkt – diesen Weg nachgehen: Von der Theodizee über die Technodizee zur Anthropologie. Dabei greife ich auf Überlegungen und Vorarbeiten zurück, die ich in den Jahren 2005 bis 2015 in diversen Projekten angestrengt habe, unter anderem auf meiner Post Doc-Forschungsstelle an der Freien Universität Berlin (2011-2014). Ich thematisiere damit auch die Idee des Zweitgutachters meiner Dissertation, Hans Poser, der den Begriff der „Technodizee" geprägt hat.

5. Die Bewältigung von Krisen besteht aus Deutung und Handlung. Mir geht es nicht so sehr um konkrete praktische Handlungsempfehlungen,[5] sondern vielmehr um die dahinterstehenden Deutungsmuster, die unsere Handlungs-

---

5 Diese gebe ich – bezogen auf die Klima-Krise – in meinem Buch *Kirche im Klimawandel – Eine Handreichung für Katholiken*, erschienen 2020 bei Tradition (Hamburg); dort insbesondere in Kapitel 4.

strategien bei der Bewältigung von Krisen motivieren. Gebetsinitiativen, Forschungsprojekte, Verhaltensüberprüfung – wie wir auf Krisen reagieren, hängt davon ab, wie wir sie interpretieren, als was wir sie begreifen: Zeichen Gottes, Versagen der Technik, Schuld des Menschen. Es geht mir nachfolgenden nicht in erster Linie um die Darstellung und Bewertung solcher konkreten Maßnahmen, sondern um den Aufbau eines Grundgerüsts zur Erklärung von Mentalitäten vor dem Hintergrund typischer Denkformen der europäischen Kulturgeschichte, die Umgangsmöglichkeiten schaffen und Handlungsspielräume eröffnen können. Es geht mir also um ein Verständnis dessen, was immer im Hintergrund mitschwingt, aber selten explizit gemacht wird.

Warum ist es wichtig, sich dieses Hintergrunds bewusst zu werden? Die eher abstrakten Überlegungen stellen die kulturellen Vorverständnisse und Prägungen in den Mittelpunkt, die ihrerseits Ausgangspunkte dafür bilden, ganz konkret mit in Krisen erfahrenem Leid umzugehen – als Einzelner und als Gesellschaft. Ob die Mittel für eine bestimmte Forschung aufgestockt werden oder besondere Gottesdienste stattfinden, wer in welcher Funktion in TV-Talkrunden eingeladen wird, was über eine Katastrophe öffentlich gesagt werden darf und was nicht, all das ist Teil von Bewältigungsstrategien, hinter denen Deutungsmuster stehen, die religiös oder säkular, wissenschaftlich-technisch oder moralisch grundiert sind.

6. Was sind Deutungsmuster? Deutungsmuster, Denkformen, Paradigmata (Thomas Kuhn), Vorverständnisse (Hans-Georg Gadamer), Vorurteile (Martin Heidegger), Prägungen religiöser, kultureller und sozialer Art – man kann diese Ausdrücke synonym verwenden, auch wenn sie nicht exakt das gleiche bedeuten; ich nutze vornehmlich den Begriff *Deutungsmuster.*

Deutungsmuster ermöglichen die Rückführung des Unbekannten auf Bekanntes. Das Neue will begriffen, auf den Begriff gebracht werden. Dazu braucht es einen Rahmen, in dem es kontextualisiert und verstanden werden kann. Das gilt für Corona, das gilt auch für den Klimawandel. Das fällt schwer, wie man sieht, wenn man besagte Gesprächsrunden im Fernsehen schaut, Social Media-Kanäle frequentiert oder auch nur mit offenen Augen durch die Welt geht. Das wiederum liegt daran, dass unserer Gesellschaft heute gemeinschaftlich geteilte Deutungsmuster fehlen. Es ist nicht mehr klar, wie „man" über eine Sache zu denken hat. Es gibt keine übergreifenden Ordnungssysteme mehr, die – von der Kirche etwa, oder auch von der Politik – vorgegeben und unhinterfragt übernommen werden, im Gegenteil: Solche

Vorgaben werden als übergriffig empfunden und es wird ihnen misstraut. Das ist für den liberalen Rechtsstaat prinzipiell auch gut so, denn das ist Ausdruck einer modernen, freien Gesellschaft, die in der Autonomie des Einzelnen einen hohen – manche meinen gar: den höchsten –[6] Wert annimmt.

Also: Deutungsmuster – irgendwann funktionieren sie nicht mehr. Nicht mehr für alle – alle Menschen, alle Krisen. Tradierte, aber überkommene Deutungsmuster werden durch neue abgelöst, die jedoch nicht *so* neu sind, dass sie mit den alten nichts mehr zu tun hätten. Die Ablösung geschieht durch den Prozess ideenhistorischer Entwicklung (Wir können nicht mehr glauben, dass...), sie kann aber auch bestärkt werden durch das bewusste Schaffen neuer Denkformen in Gestalt der politischen Willensbildung (Wir wollen glauben, dass...). Wenn man kaum noch etwas gemein hat – nicht den Glauben, nicht die Kultur, nicht die Lebensweise –, fällt der Aufbau von Denkformen bzw. die Akzeptanz der von Wissenschaft und Politik (bisweilen auch von der Kirche) bereitgestellten Verständnishilfen schwer.

7. Für die Deutungsmuster angesichts des Übels in Form von Katastrophen, Kalamitäten und Krisen hat es zwei große Ablösungsprozesse gegeben, den Übergang von der religiösen auf die wissenschaftlich-technische Sicht im 18. Jahrhundert und den Übergang von der engen wissenschaftlich-technischen Sicht auf die ganzheitliche humane Perspektive, den wir derzeit erleben. Die ideenhistorische Entwicklung ist ereignisgetrieben, hat also konkrete realgeschichtliche Hintergründe. Man kann sie als Resultat kollektiver Erfahrungen der Zerrüttung betrachten und sie mit dem erwachenden Bewusstsein identifizieren, diesen Erfahrungen kollektiv entgegenwirken zu müssen. Das führt zu konkreten Daten: dem 1. November 1755 und dem 3. Juni 1992.

Am 1. November 1755 bebte in Lissabon die Erde und erschütterte die bis dato konkurrenzlosen religiösen Denkformen, am 3. Juni 1992 wurde in Rio de Janeiro die Konferenz der Vereinten Nationen über Umwelt und Entwicklung eröffnet; sie markierte den Beginn einer Zeit, in der nicht allein auf abstrakte Ideen und komplexe Technologie gesetzt werden sollte, sondern auf das konkrete, einfache Handeln von Menschen: Global denken, lokal handeln.

---

6   Zur Problematik der Selbstbestimmung als neue „unantastbare" Leitkategorie aller Lebensvollzüge – unbedingt zu achten und zu schützen von Recht und Politik (mithin: aller staatlichen Gewalt) – vgl. mein Buch *Würde, Freiheit, Selbstbestimmung. Konzepte der Lebensrechtsdebatte auf dem Prüfstand*, ebenfalls 2020 bei Tradition (Hamburg) erschienen.

Bis 1755 war es Gott, der für alles herhalten musste. Die europäische Gesellschaft war durch und durch christlich geprägt, Gott in aller Munde. Angesichts der Übel, die es dennoch gab, stellte sich die Frage nach der Gerechtigkeit Gottes, die *Theodizee*-Frage. Ironischerweise war es ein (echter) Querdenker, der hierauf die epochale Antwort gab: Gottfried Wilhelm Leibniz.

Wissenschaft und Technik sind ab Mitte des 18. Jahrhunderts bei der Krisenbewältigung immer wichtigere Ratgeber für Handlungsstrategien geworden, die zuvor jedoch selbst zu wirkmächtigen Deutungsmustern wurden, mit ganz ähnlichem Anspruch, uns die Welt (einschließlich all ihrer Übel) verstehen zu lassen. Sie sind folglich auch mit ähnlicher Begründungsnotwendigkeit behaftet. Dass die Rechtfertigung der Technik durchaus in Analogie zur Rechtfertigung Gottes geschehen kann, dafür steht die Arbeit Hans Posers zur *Technodizee*.

Gott und Technik – das reicht heute nicht mehr. Daher kommt – von der Rio-Konferenz 1992 ins globale Bewusstsein gehoben – ein Drittes hinzu: der Mensch. Nicht (nur) als an Gott glaubender *homo religiosus*, nicht (nur) als Technik schaffender *homo faber*, sondern in der Gesamtheit seines Verhaltens. Wir sprechen von der *Anthropodizee*.

In gewisser Hinsicht hallt in diesem Deutungsmuster die ideengeschichtliche Entwicklung nach: Bis heute wird die Theodizee als Problem zum Gegenstand ernster Debatten um die Selbstvergewisserung des Menschen – die Frage nach Gott angesichts von Corona-Pandemie und Klimawandel ist auch in unserer säkularisierten Gesellschaft keine rein akademische, sondern für viele Menschen eine existenzielle. Bis heute spielt die Technodizee eine Rolle in den Debatten zu Katastrophen, Kalamitäten und Krisen, sowie technische Systeme daran beteiligt sind – zumeist sind sie es in der einen oder anderen Weise.

Es geht mir mit dem vorliegenden Buch also darum, Gott, Technik und Mensch zusammenzudenken, um zu einer vernünftigen, zugleich humanen Bewältigungsform der Krisen unserer Zeit zu gelangen, die alle Dimensionen des Menschseins anspricht: das nackte Überleben ebenso wie die Sehnsucht nach Trost und Transzendenz.

1. Warum, Gott?! - Theodizee

Das Zeitalter des religiösen Deutungsmusters (bis 1755)

1.1 Schuld und Strafe

Lange – sehr lange – beherrschte das religiöse Deutungsmuster die Gesellschaft. Was auch geschah, es wurde mit dem Wirken Gottes (oder *eines* Gottes, aus einer Vielzahl von Göttern) zu erklären versucht. Das hieß dann für Ereignisse mit negativem Einschlag, für Katastrophen, Kalamitäten, Kriege und anderes Übel, dass die Menschen in irgendeiner Form den Zorn Gottes (oder der Götter) heraufbeschworen und nun unter dessen Folgen zu leiden hatten. Auf Sünde folgt Sühne – so ist das eben.

Diese Logik des Tun-Ergehen-Zusammenhangs (ein Begriff des Theologen Klaus Koch) galt auch für das Judentum, das damit das Christentum imprägnierte, trotz des Perspektivenwechsels beim Blick auf das Leid, den Jesus vornimmt – durch seinen Umgang mit Leidenden und durch sein eigenes Leid (vgl. Kapitel 4.3). Das religiöse Reaktionsspektrum sah Buße und Umkehr vor, oft in Verbindung mit Opferriten und Fasten. Einiges davon kennen (und schätzen) wir heute noch (zumindest soweit wir an Gott glauben), allerdings unterstellen wir heute – nach Jahrhunderten aufgeklärter Theologie und theologischer Aufklärung – mehrheitlich keinen *direkten* Wirkungszusammenhang mehr, weder Gottes auf die Welt, noch des Menschen auf Gott.[7] Doch wir halten im christlichen Glauben daran fest, dass Gott und Welt bzw. Gott und Mensch *etwas* miteinander zu tun haben, ein Etwas, das von beiden Seiten her gestaltet wird. Dieses Etwas zu bestimmen, ist eine recht komplizierte Angelegenheit.

Ehedem war das einfacher: Gott stellt Regeln auf, der Mensch verstößt dagegen, Gott straft den Menschen, der Mensch büßt, Gott beendet die Strafe – solange, bis ein erneuter Verstoß vorliegt. In religiös homogenen Gesellschaften richtete sich die Notwendigkeit der Buße auf die eigene Gemeinschaft, gab es religiöse Minderheiten, wurden diese regelmäßig zur Verantwortung gezogen. Man suchte sich einen „Sündenbock", den man beladen und vertreiben oder gar vernichten konnte. Das galt auch hierzulande, vor allem in Zeiten von Pandemie und Klimawandel. Bevor man allerdings dafür *die* Religion (hierzulande also *das* Christentum oder auch – des griffigen und angreifbaren Feindbildes willen – *die* Kirche) in Gänze haftbar macht, muss

---

7   Das wird später noch Thema sein, wenn es um Hans Jonas geht, der mit seiner Vorstellung von einem Gott, der seine Allmacht aufgibt, die Idee verbindet, dass sich damit auch die Wirkrichtung auf letztere reduziert: der Mensch gibt Gott – Gott gibt es nicht.

man genauer hinschauen, um zwischen der Lehre der Kirche und dem Leben des Volkes unterscheiden zu können (wenn man das denn will).

Als im 14. Jahrhundert die Pest in Mitteleuropa wütete, machte das geplagte Volk die Juden verantwortlich: Sie vergifteten angeblich die Brunnen. Eine Pogromwelle rollte Mitte des 14. Jahrhunderts durch Europa. Diese Pogrome fanden gegen den entschiedenen Widerstand der Kirche statt. Papst Clemens VI. verfasste zwei Bullen gegen die Judenjagd, die jedoch im Volk ohne Wirkung blieben. Mit der Bulle *Quamvis perfidiam* (1348) spricht Clemens die Juden vom Vorwurf der Brunnenvergiftung frei. Clemens argumentierte gegen diesen Aberglauben mit Hinweis auf die Tatsache, dass auch die Juden selbst Opfer der Pest seien. Allerdings wurde dagegen argumentiert, Juden seien unterproportional von der Pest betroffen. Das ist wahr, lag aber – wie wir heute wissen – an den besonderen Hygiene- und Speisevorschriften der Juden, die das Infektionsrisiko hemmten. Wer gegen die Weisung der Bulle weiterhin Juden verfolge, so Clemens, werde exkommuniziert. Die Flagellanten, die sich bei den Judenpogromen besonders hervorgetan hatten, erklärte er zu Häretikern. Das Engagement des Papst war jedoch vergeblich. Noch im selben Jahr kam es zu Pogromen gegen Juden in Toulon und in Zürich, 1349 in Freiburg im Breisgau, Speyer, Straßburg und Erfurt. In Erfurt kam es im März 1349 sogar zu einem „prophylaktischen" Pogrom: Obgleich die Pest die Stadt noch gar nicht erreicht hatte, meinte man, vorsorglich die etwa 500 jüdischen Bürger vertreiben zu müssen. Die Pest kam wenig später trotzdem.

Als im 17. Jahrhundert die „Kleine Eiszeit" zu Missernten führte, machte das geplagte Volk Hexen und Zauberer verantwortlich: Sie schadeten angeblich der Landwirtschaft durch ihre Zauberei. Die Macht für diese negativen Interventionen käme direkt vom Teufel, so der Aberglaube im Volk, das zum Schutz vor diesen schädlichen Umtrieben die Verfolgung von angeblichen Hexen und Zauberern verlangte, wenn sie nicht gleich Selbstjustiz betrieb. Die katholische Theologie hat den Volksglauben an Hexerei als Einbildung charakterisiert. Bereits im 10. Jahrhundert missbilligt der *Canon episcopi* den Hexenglauben. Der „Hexenhammer" (*Malleus Maleficarum*, 1487), der oft genannt wird, um die Verantwortung der Katholischen Kirche auf den Punkt zu bringen, war zwar ein in der Praxis beachtetes „Handbuch der Hexenverfolgung", das bis 1520 in einer Gesamtauflage von 10.000 Exemplaren erschien, das Buch ist aber weder von der Kirche in Auftrag gegeben noch nach dessen Veröffentlichung in irgendeiner Weise autorisiert worden. Wolfgang Behringer und Günter Jerouschek kommen zu dem Ergebnis, dass die Schrift zwar „das Empfinden großer Teile der Bevölkerung widerspiegelte, aber in krassem Widerspruch zur theologischen Tradition stand"[8], so dass man sich mit Arnold Angenendt „am Ende fragt", ob es „überhaupt als kirchliches oder gar katholisches Buch zu bezeichnen ist"[9]. Die Hexenverfolgung endete im 18. Jahrhundert, dem Zeitalter der Aufklärung. Aber nicht durch die Aufklärungsphilosophie, sondern vor allem durch das Wirken kritischer Theologen beider Konfession im 17. Jahrhundert. Einer von ihnen war der Jesuit Friedrich Spee von Langenfeld. 1631 erscheint sein Hauptwerk, die *Cautio criminalis seu de processibus contra Sagas Liber* („Rechtliches Bedenken wegen der Hexenprozesse"). In seinem epochalen Werk entlarvt Spee die Hexenprozesse als Farce und die Vollstreckung der Urteile als Mord, während nur einige Jahrzehnte zuvor der religionskritische Jurist und Staatstheoretiker Jean Bodin – nicht zuletzt im Regress auf den „Hexenhammer" – die Verfolgung befürwortet hatte.

Die Beispiele zeigen, dass es nicht die Katholische Kirche als religiöse Institution und Hüterin des Glaubens war, die Pogrome und Verfolgung initiierte, sondern dass diese vom Volk ausgingen und dessen Aberglauben geschuldet waren, gegen den auch die zeitgenössische Theologie argumentierte und beherzte Kirchenmänner einschritten. Doch sie zeigen auch, dass und wie sehr das religiöse Deutungsmuster (im weitesten, den Aberglauben einschließenden, Sinne) die Denkform prägte.

Zur Erfahrung von Übeln gehört auch das Hadern, im religiösen Kontext das Hadern mit Gott. Der Umgang mit der Schuld, die als Ursache des Übels angesehen wird, geschieht nicht nur im tatkräftigen Ziehen von Konsequenzen (Buße und Umkehr) oder in der Projektion der Schuld auf Andere (Pogrom und Verfolgung), sondern auch im religiösen Ritus, in Bekenntnis und Klage. Das Schuldbekenntnis ist bis heute ein fester Bestandteil der Liturgie, die Klagepsalme drücken aus, dass trotz aller Einsicht in den Tun-Ergehen-Zusammenhang ein Rest an Unverständnis angesichts des Übels bleibt, das der gütige Gott vorsieht oder zumindest zulässt. Psalm 77 bringt die Anklage auf den Punkt: „Denke ich an Gott, muss ich seufzen; sinne ich nach, dann will mein Geist verzagen. Offen gehalten hast du die Lider meiner Augen; ich war aufgewühlt und konnte nicht reden. Ich sann nach über die Tage der

---

8   W. Behringer / G. Jerouschek: „Das unheilvollste Buch der Weltliteratur"? Zur Entstehungs- und Wirkungsgeschichte des Malleus Maleficarum und zu den Anfängen der Hexenverfolgung, in: Heinrich Kramer (Institoris): Der Hexenhammer. Malleus Maleficarum. München 2001, 18.

9   A. Angenendt: Toleranz und Gewalt. Das Christentum zwischen Bibel und Schwert. Münster 2012, 307.

Vorzeit, über längst vergangene Jahre. Ich denke an mein Saitenspiel, während der Nacht sinne ich nach in meinem Herzen, es grübelt mein Geist. Wird der Herr denn auf ewig verstoßen und niemals mehr erweisen seine Gunst? Hat seine Huld für immer ein Ende? Hat aufgehört sein Wort für alle Geschlechter? Hat Gott vergessen, dass er gnädig ist? Oder hat er im Zorn sein Erbarmen verschlossen?" (Ps 77, 4-10). Starker Tobak.

Warum, Gott, warum?! Warum strafst Du uns, oder (abgeschwächt): Warum lässt Du es zu, dass wir so Übles erfahren? *Unde malum* – Woher kommt das Böse? Das Deutungsmuster der Erfahrung des Ungemachs ist Gottes Wirken, die entscheidende Weltdeutung ist die Frage nach der Gerechtigkeit Gottes angesichts der bitteren Erfahrungen des Menschen, die Frage der *Theodizee*. Bei deren Beantwortung hat sich vor allem einer hervorgetan: Gottfried Wilhelm Leibniz.

1.2 Leibniz, der Querdenker

Einführung in Leben und Werk

Es ist sehr bedauerlich, dass der Begriff „Querdenker" so in Verruf geraten ist, denn eigentlich ist das *Querdenken* eine sehr gute Methode, um zu neuer Erkenntnis zu gelangen. Die Dinge auch mal von der anderen Seite zu betrachten, das flauschige Fell des Wissensbestands auch mal gegen den Strich zu bürsten und zu sehen, was sich darunter verbirgt, das gehört zu den Stärken vieler Geistesgrößen und ist eine Kardinaltugend der Philosophie, soweit sie sich als kritische Begleiterin der Wissenschaft versteht.

Ein ganz wichtiger Querdenker – vielleicht der wichtigste überhaupt – war Gottfried Wilhelm Leibniz.[10] Philosophie, Theologie, Rechtskunde, For-

---

10 Da eine ausführliche Biographie den Rahmen dieser Abhandlung sprengen würde, sei auf die Arbeit Hans Posers verwiesen (H. Poser: Gottfried Wilhelm Leibniz. Zur Einführung. Hamburg 2005). In seiner kompakten, aber dennoch gut lesbaren Darstellung konzentriert sich Poser dabei auf das Wesentliche: Leibnizens Philosophie. Ausgehend von den grundlegenden „großen Prinzipien" – demjenigen der Identität und des Widerspruchs, dem des zureichenden Grundes und dem Prinzip der Identität des Ununterscheidbaren, der Kontinuität und des Besten –, dem für Leibniz maßgeblichen Harmoniegedanken, der sich in der Universalharmonie und der prästabilierten Harmonie entfaltet, sowie seiner Begriffs- und Wahrheitstheorie interpretiert Poser die epistemologischen, ontologischen, substanzmetaphysischen und ethischen Ideen des Philosophen und verweist auf die Relevanz dieses abstrakten (und uns heute vielleicht auch fremd anmutenden) Denkens für dessen vielfältiges und nachhaltiges Wirken in den entlegensten Bereichen. Wer eine erste Orientierung zu

schungsökonomie, Wissenschaftsorganisation, Technik, Militärstrategie, Versicherungswesen, Kirchengeschichte, Mathematik, Naturwissenschaften, Ingenieurskunst und (wenn man so will) Informatik – Leibniz arbeitete auf all diesen Gebieten menschlicher Kultur und hinterließ dort tiefe, bis heute deutlich sichtbare Spuren.

Leibniz war stets getrieben von einem schier unendlichen Schaffensdrang und spulte ein gigantisches Programm ab, das eigentlich kaum zu bewältigen ist. Er selbst beschrieb seine Kreativität mit den Worten, er habe bereits beim Aufwachen am Morgen so viele Ideen, dass der Tag nicht reiche, sie aufzuschreiben. Die Edition seiner Werke durch die Berlin-Brandenburgische Akademie der Wissenschaft wird vor Mitte des 21. Jahrhunderts nicht abgeschlossen sein. Hunderte namhafte Forscher aus der ganzen Welt arbeiten in Potsdam an den überreichen Hinterlassenschaften des Universalgenies, nach dem heute die Universität in Hannover, eine große deutsche Wissenschaftsorganisation und ein Butterkeks benannt sind.

Dabei war Leibniz eigentlich die meiste Zeit schlicht und ergreifend Bibliothekar im eher provinziellen Hannover. Seine Stelle war mit dem Auftrag verbunden, die Geschichte des Welfenhauses niederzuschreiben. Eine eher anspruchslose Chronik höfischen Lebens sollte es werden, ein Werk, das er nie fertigstellte. Er war zu sehr abgelenkt durch andere anspruchsvollere Aufträge, die er entweder von Dritten erhielt (wie die Abfassung einer Schrift für Preußens Königin Sophie Charlotte zur „Verteidigung" Gottes – bekannt als eben jene *Theodizee*, von der noch ausführlich die Rede sein wird), oder die er sich selbst gab (wie die Entwicklung des Binärcodes, der Infinitesimalrechnung oder einer substanzmetaphysischen Weltinterpretation – bekannt als *Monadologie*).

So wohlbehütet seine Kindheit (Leibniz wuchs in einer Akademikerfamilie auf, konnte sich schon in jungen Jahren in der väterlichen Bibliothek autodidaktisch bilden und ging bereits im Alter von 15 Jahren an die Universität Leipzig), so tragisch ist sein Lebensabend. Nach einem jahrzehntelangen Streit mit Isaac Newton, wer von beiden das Infinitesimalkalkül zuerst entdeckt und wer möglicherweise von wem abgekupfert habe, befasst sich die Royal Society mit dem Prioritätenstreit und beendet das traurige Kapitel 1712 mit dem (von Newton beeinflussten) Beschluss, Leibnizens Arbeit sei ein Plagiat. Der inzwischen europaweit berühmte und höchst renommierte

Leben und Werk Leibnizens erhalten möchte, ist mit Posers Einführung bestens bedient.

Leibniz ist tief in seiner Ehre gekränkt. Als sein Chef, Kurfürst Georg Ludwig, 1714 König von England wird (George I.), lässt er seinen wissenschaftlichen Mitarbeiter in Hannover – ein Zugeständnis an den Gelehrtenzirkel seiner neuen Wirkungsstätte. Seine einstige Spitzenkraft Leibniz ist in London nicht vorzeigbar. Zudem verhängt King Georg ein „Reiseverbot" für seinen umtriebigen Bibliothekar. Ein weiterer schwerer Schlag für Leibniz, von dem er sich nicht mehr erholen sollte: Zwei Jahre später stirbt er, am 14. November 1716, mittlerweile völlig vereinsamt.[11]

Leibnizens Ansatz, entlegene Dinge zusammenzubringen und dabei religiöse Vorstellungen mit wissenschaftlichen Methoden zu neuen Erkenntnissen zu führen, brachte einige der erstaunlichsten Entdeckungen überhaupt hervor. So entwickelt Leibniz aus theologischen Überlegungen mathematische Ideen wie die Infinitesimalrechnung oder den Binärcode.

Leibniz geht davon aus, dass sich Mensch und Welt im Sinne des göttlichen Willens moralisch weiterentwickeln können, im Sinne der Perfectibilitas, der Fähigkeit zur Vervollkommnung, sie aber niemals die Perfektion Gottes erreichen. Vollkommen, perfekt das ist nur Gott. Zwischen dem perfekten Gott und dem zur Perfektion berufenen Menschen in der Welt gibt es einen Unterschied, den es geben muss, um überhaupt von einer Schöpfung zu sprechen. Hätte der Schöpfer-Gott sich nur reproduziert, so wäre nichts Neues entstanden; für die bloße Feststellung der Identität (A=A) braucht es keine Kreativität. Da das Neue (Mensch und Welt) aber auch nicht besser sein kann als das Bestehende (Gott), muss es zwangsläufig schlechter sein. *Malum metaphysicum* nennt Leibniz diese Notwendigkeit. Dem Schöpfer-Gott ist es also aus logischen Gründen nicht möglich, eine perfekte Welt zu schaffen. Was Gott aber möglich war: den Unterschied zu minimieren. Im

---

11   Heute wissen wir: Der Prioritätenstreit zwischen Newton und Leibniz kann als unbegründet betrachtet werden, denn vermutlich haben beide unabhängig voneinander das gefunden, was wir heute als Differential- und Integralrechnung an allen Ecken und Enden der naturwissenschaftlichen Lehre und Forschung nutzen. Fest steht, dass beide zwar den gleichen philosophischen Gedanken tragen, also die Idee des „Fließens" (Newton) oder der „Kontinuität" (Leibniz), dass sie aber zwei unterschiedliche Ansätze verfolgen. Newton kommt von der Physik und will Aussagen zur Momentangeschwindigkeit machen, Leibniz von der Geometrie, vom Tangentenproblem. Entsprechend hat die Geschichte der Wissenschaft dann auch beiden ein Denkmal gesetzt: Newtons Notation ($\dot{x}$, „x-Punkt"; $\ddot{x}$, „x-Zweipunkt") ging in die Physik, Leibnizens Summenzeichen ($\int$, ein gestrecktes „S" für „Summe") und die Notation „dx nach dy" in die Mathematik ein. Wissenschaftspolitisch ist der Prioritätenstreit bei aller Unbegründetheit jedoch höchst bedeutsam geworden, weil er das Verhältnis britischer und kontinentaler Wissenschaftler das gesamte 18. Jahrhundert hindurch schwer belastet hat.

Ergebnis steht das, was als „beste aller möglichen Welten" bekannt wurde. Die von Gott geschaffene und eingerichtete Welt ist die beste aller möglichen Welten, denn „gäbe es nicht die beste (optimum) aller möglichen Welten, dann hätte Gott überhaupt keine erschaffen"[12]. Dieser Gedanke taucht – wie wir noch sehen werden – in Leibnizens *Theodizee* auf, denn er erklärt, warum es *prinzipiell* Übel und Leid in der Schöpfung gibt, ja: geben muss.

Also: Wir leben „nur" in der „besten aller *möglichen* Welten" und nicht in der perfekten Welt, was eben ein Unterschied ist, der jedoch, so Leibniz, vom guten Schöpfer-Gott minimal gehalten wurde. Und wenn wir uns nun den Graphen einer Funktion anschauen, die „gegen Null" konvergiert, so bleibt zwischen Kurve und x-Achse eine Differenz, die zwar unendlich klein wird, aber auch im Unendlichen „von Null verschieden" bleibt, andererseits wiederum immer kleiner wird, wenn wir immer weiterrechnen bzw. weiterrechnen lassen – heute machen das Computer. Doch auch, wenn wir den Rechner bis zum Jüngsten Tag rechnen ließen: Er bliebe, der Unterschied. Das ist gewissermaßen die mathematische Schlussfolgerung aus dem schöpfungstheologischen Gedanken der Notwendigkeit des *malum metaphysicum*.

Apropos: Computer. Leibniz meinte, dass Gott alle Zahlen in sich vereinen müsse, wenn er denn die von Zahlen geprägte Welt aus dem Nichts erschaffen habe. Somit müssten sich dann auch alle Zahlen darstellen lassen, wenn man Gottes Schöpfung mathematisch nachvollzieht. Gesagt, getan. Leibniz nannte Gott „1" und das Nichts „0". Dann begann er, alle Zahlen systematisch mit einer Kombination aus Einsen und Nullen darzustellen. So entstand der Binärcode, auf dem die Elektronik und die Computertechnologie basiert. Dass PCs und Smartphones funktionieren, fußt also auf Leibnizens theologischer Überlegung, dass Gott (die „1") aus dem Nichts (der „0") eine vollkommene Welt schafft – und was kann in der Welt vollkommener sein als die Mathematik, deren Stellvertreterinnen die natürlichen Zahlen sind.[13]

Der Querdenker Leibniz, das zeigt sich an diesen beiden Beispielen, war vor allem eines: ein frommer Christ. Er dachte nicht nur von der Religion in Richtung Mathe, sondern auch zurück: Seinen Binärcode wollte Leibniz zur Missionierung einsetzen und den chinesischen Kaiser damit zum Christen-

---

12   G. W. Leibniz: Die Theodizee. Hamburg 1968, 101 (Theodizee, I. Teil, § 8).
13   Vgl. R. Finster / G. van den Heuvel: Gottfried Wilhelm Leibniz. Reinbek bei Hamburg. 1990, 107.

tum bekehren, da dieser „ein sehr großer Liebhaber der Rechenkunst sey"[14]. Leibniz kann wohl zu Recht als *christlicher* Philosoph bezeichnet werden. Jordan stellt fest, dass sich Leibniz stets zur Augsburger Konfession bekannt hat, ohne jedoch der Orthodoxie der Lutheraner etwas abgewinnen zu können.[15] Aus anderen Darstellungen geht ein gewisser Indifferentismus Leibnizens hervor. Für Pichler war Leibniz „weder Protestant noch Katholik im orthodox-confessionellen Sinne", sondern eher der „prophetische Typus der christlichen Nationalkirche"[16]. Insoweit ist es nicht vermessen, Leibniz sogar als Theologen zu sehen[17] – wenn auch ohne dogmatische konfessionelle Bindung.[18]

Was uns nun jedoch besonders interessieren soll, das ist die *philosophische* Position Leibnizens, die er in zwei Hauptwerken darlegt: in der *Monadologie* (1714) und in der *Theodizee* (1710). Die *Theodizee* werden wir noch ausführlich besprechen, kommen wir kurz zur *Monadologie*, in der Leibniz die metaphysischen Grundlagen seines Denkens darstellt, am Ende seines Schaffens, zwei Jahre vor seinem Tod.

1.3 Leibnizens *Monadologie*

Mit seiner Substanzmetaphysik versucht Leibniz die ontologische Kernfrage nach dem Sein Gottes und die Frage, in welchem Verhältnis das Seiende zu diesem Sein steht, zu beantworten. Er legt diese in seiner *Monadologie* vor, der „Monadenlehre". Leibniz entwickelt darin die Idee einer völligen Durchdringung der Materie mit dem Geist Gottes, der damit eine Beziehung alles Geschaffenen zum Schöpfer einerseits und andererseits des Schöpfers zu allem Geschaffenen garantiert. Die Natur ist somit „voll der Gnade", sie ist von

---

14   G. W. Leibniz: Sämtliche Schriften und Briefe. Darmstadt / Leipzig / Berlin 1923 ff. (nachfolgend „A" mit Angabe von Reihe, Band und Seite) I, 13, 118.

15   G. J. Jordan: The Reunion of the Churches. A Study of G. W. Leibnitz and his great attempt, London 1927, 36.

16   A. Pichler: Die Theologie des Leibniz aus sämmtlichen gedruckten und Quellen mit besonderer Rücksicht auf die kirchlichen Zustände der Gegenwart zum ersten Male vollständig dargestellt, Bd. I, Hildesheim 1965 (Nachdr.), 108.

17   H. Müller: Einführung, in: Ders. (Hg.): Gottfried Wilhelm Leibniz – Jacques Bénigne Boussuet. Briefwechsel, Bd. 1, Göttingen 1968, 37.

18   Dass sich Leibniz auch für die Ökumene stark machte, habe ich an anderer Stelle ausgeführt; J. Bordat: Leibniz und die Einheit der christlichen Kirche, in: H. Breger / J. Herbst / S. Erdner (Hg.): Einheit in der Vielheit. Vorträge des VIII. Internationalen Leibniz-Kongresses (Band 1). Hannover 2006, 68-75.

Gott eingerichtet und auf Gott hin ausgerichtet, insoweit als die innerwelt-
lichen Kausalitäten den Finalitäten des Transzendenzbezugs unterliegen.

Zwei Reiche. Der Rationalist Leibniz geht dabei methodisch wieder auf die
aristotelische Deduktion zurück (er formuliert seine Thesen vor allem gegen
Bacon, den Ahnherrn des induktiven Empirismus), gewissermaßen mit
einem platonischen Hintergedanken, denn auch die Metaphysik Leibnizens
sieht – trotz der Einwirkung von Geist auf Materie – eine Trennung von
materialer Welt (er nennt diese das „Reich der Natur") und geistiger Welt
(bei ihm das „Reich der Zwecke" bzw. „Gnade") vor. Platon unterschied von
den Dingen auf der materiellen Ebene bekanntlich die Ideen auf der
geistigen. Leibniz unterscheidet in seiner Erkenntnistheorie die Kontingenz
material-phänomenologischer Kausalität im „Reich der Natur", das experimentell zugänglich ist, von der Notwendigkeit der Finalität im „Reich der
Zwecke" bzw. „Gnade", das experimentell nicht zugänglich ist. Das heißt:
Wir können *natur*wissenschaftlich erfahren, *wie* die Welt ist, aber wir
können nicht erfahren, *warum* sie ist, wie sie ist. Die Art der Schöpfung (das
Wie) ist Gegenstand der Erkenntnis aus der Natur (Biologie, Chemie, Physik), der Grund der Schöpfung (das Warum) Gegenstand der Erkenntnis aus
Gnade (Religion, Spiritualität, Gebet); beide Erkenntnisquellen haben für
Leibniz eine Berechtigung – und sollten sie auch für uns haben (vgl. Kapitel
4). In der *Monadologie* betont Leibniz die Harmonie der Sphären, die ermög-
liche, dass die Dinge durch die Wege der Natur selbst zur Gnade führen.

Monaden. Der Baustein der Welt ist die unteilbare, unerzeugbare und
unzerstörbare Monade, die als „beseeltes Atom" allen Dingen zugrunde liegt
(§ 1-3).[19] So wird die Materie in der Substanzmetaphysik Leibnizens ver-
geistigt – Körper und Seele erscheinen gleichermaßen als monadische Enti-
täten –, und zugleich gibt die eine Grundsubstanz dem Gedanken der Einheit
und der Harmonie Ausdruck; das griechische Wort μονάς bedeutet „Einheit".
Dies erinnert an Spinozas Monismus, an den Gedanken der Unterordnung
von Geist und Materie unter eine allumfassende Entität, nämlich Gott, muss
aber insoweit von Spinozas Substanzmonopol Gottes unterschieden werden,
als die Monaden bei Leibniz selbst Substanzen sind und sich nur in quantitativer, nicht in qualitativer Hinsicht unterscheiden; Maßstab ist der Bewusst-
seinsgrad bzw. das Vorstellungsvermögen. Gott nimmt hier den Spitzenplatz
ein, unterscheidet sich aber nicht prinzipiell von den geschaffenen Monaden,
soweit auch diese über ein mehr oder weniger waches Bewusstsein verfügen.

---

19 A VI, 2, 607.

Mit der *Monadologie* schlägt Leibniz eine Brücke zwischen mechanistischer und spiritualistischer Weltsicht. Alle Monaden sind von Gott, der Urmonade, geschaffen (§ 47).[20] Sie sind durch die repraesentatio mundi miteinander verbunden, die in der inneren Vorstellung (Perzeption) und in der Veränderung von einer Perzeption zur anderen besteht. Die Perzeption ist dabei unterschiedlich deutlich; allein darin unterscheiden sich die Monaden, wobei die Differenzen eben nicht diskret gestuft sind, sondern kontinuierlich ineinander übergehen. Es gibt für Leibniz eine unendliche Anzahl von graduellen Unterschieden zwischen klar bewusster und gänzlich unbewusster Perzeption. Der Mensch und ein Stein unterscheiden sich also nicht grundsätzlich, sondern nur hinsichtlich des Grads an Bewusstsein. Jede Monade repräsentiert – abhängig von dem ihr eigenen Perzeptionsvermögen – das Universum auf eine je eigene Art und Weise (§ 57-60).[21] Die Vorstellung des Universums durch die Monade ist jedoch kein passiver Vorgang, sondern ein aktives Wirken, denn jede Monade ist ein lebendiger Spiegel der Welt. Die tiefste Bedeutung der repraesentatio mundi besteht darin, dass die Seele das Universum vor Gott vertritt, indem es Gott das Bild der Welt vorstellt.

Lex continuitatis. Kern der Monadologie ist die Überwindung des kartesianischen Dualismus' von Leib (res extensa) und Seele (res cogitans) aus der geometrischen Überlegung, dass „die bei der Analyse des (körperlichen) Kontinuums erfolgte Reduzierung desselben auf den Begriff des Punktes bedeutet, daß die geistigen und körperlichen Sphären unter räumlich-materiellen Gesichtspunkten nicht mehr grundsätzlich voneinander zu unterscheiden waren"[22]. Ein Punkt zeichnet sich dadurch aus, dass er keine Fläche hat, keine Ausdehnung. Insoweit ist er materiell gar nicht da. Zugleich kann aber von einem Punkt im Koordinatensystem gesagt werden: Da ist er. Seine Position ist materialistisch beschreibbar, obgleich er nur als geistige Vorstellung existiert – Geist und Materie fallen zusammen: Punkt.

Bei Leibniz nun stehen Materie und Geist nicht unverbunden nebeneinander, sondern sie werden auf eine gleichartige Substanz zurückgeführt, eben jene Monade. Damit stellt sich Leibniz nicht nur gegen Descartes, sondern gegen die gesamte aristotelisch-scholastische Tradition. Aristoteles und die Scholastiker arbeiten mit Gegensätzen, im Bereich der Physik (Bewegung / Ruhe)

---

20 A VI, 2, 614.
21 A VI, 2, 616-617.
22 Ph. Beeley: Kontinuität und Mechanismus. Zur Philosophie des jungen Leibniz in ihrem ideengeschichtlichen Kontext. Stuttgart 1996, 351.

ebenso wie im Bereich der Metaphysik (Substanz / Akzidenz). Für Leibniz gilt gegen die Tradition der Gegensätze, dass Begriffe der Naturwissenschaft in Kontinuität zueinander stehen und sich ohne Unstetigkeiten ineinander überführen lassen, denn: natura non facit saltus.

Ihren Ursprung hat die lex continuitatis in der Geometrie, wo sie absolut notwendig ist. Sie gilt aber nicht nur dort, sondern auch in der Welt, da diese von Gott gemäß geometrischen Ordnungsprinzipien eingerichtet wurde. So betrachtet Leibniz *Ruhe* nicht als Gegenteil, sondern als Grenzfall von *Bewegung*. Auch den Gegensatz von „belebter Natur" und „toter Materie" überwindet Leibniz in seiner *Monadologie*. Er entwickelt den Gedanken einer lediglich graduell differenzierten Einheit alles Beseelten. In diesem Sinne trennt er auch nicht zwischen „Geist-" und „Körperwesen". So besitzen Engel seiner Auffassung nach einen subtilen Leib und auch die unsterbliche Seelenmonade verfügt über einen solchen, der jedoch so winzig sei, dass er unterhalb der Wahrnehmungsschwelle liege.

Prästabilierte Harmonie. Auch Leib und Seele sind keine strikt getrennten Bereiche im Menschen, sondern gehören für Leibniz zusammen. Damit kommt er dem Personalitätskonzept des Katholizismus sehr nahe: Die Kirche lehrt, die menschliche Person sei durch und durch beseelt, ja, der Mensch gerade als ein solcherart beseeltes Wesen *Person*. Auch wenn Leibniz Natur und Gnade, Funktion und Zweck, Kausalität und Finalität unterscheidet, kommen Materie und Geist im Menschen zusammen. Leib und Seele bilden eine Einheit. Doch: Wie? Die Frage ist ja, wie die Einstellung der Körper-Monaden und der Seelen-Monaden aufeinander geschieht, wenn sie untereinander keinen Kontakt haben – und den können sie in Leibnizens Vorstellung nicht haben, da sie „fensterlos" sind (§ 7),[23] ohne Verbindung zur „Außenwelt". An eine organisch-mechanistische Lösung à la Descartes[24] denkt Leibniz nicht. Er meint – und das ist ein ganz zentraler Gedanke seiner Philosophie –, ein geordnetes Zusammenspiel von Leib und Seele komme dadurch zustande, dass Gott die grundsätzlich getrennten Sphären in einer prästabilierten Harmonie aufeinander eingestellt habe – wie ein Uhrmacher, der zwei Uhren synchronisiert –, damit in allen Fällen (und nicht nur „von Fall zu Fall" wie in Malebranches Okkasionalismus) a priori eine Verbindung von Materie und Geist gewährleistet ist. Dies geschieht nicht

---

23 A VI, 2, 608.
24 Descartes denkt an eine Verbindung von Leib und Seele in der Zirbeldrüse, in der er die Interaktion von Materie und Geist, die Kopplung von leiblichen Vorgängen und Bewusstseinszuständen verortet.

deterministisch (in dem Sinne, dass Gott aktiv für Harmonie in der Welt sorgte und ihr damit die Freiheit nehme, sich auch chaotisch zu geben), sondern zustimmend (Gott schafft eine sich frei entwickelnde Welt, weil er sie in seiner Voraussicht als maximal harmonisch erkannt hat). Diese Differenz von praedeterminatio und praevisio ist für Leibnizens zweites großes Werk wichtig: für die *Theodizee*.

1.4 Leibnizens *Theodizee*

Gottfried Wilhelm Leibniz unternimmt in seinem *Essais de Théodicée sur la bonté de Dieu, la liberté de l'homme et l'origine du mal* den Versuch, die Freiheit des Menschen und die Güte Gottes angesichts des in der Welt erkennbaren Übels in Einklang zu bringen. 1710 erschien die Schrift, ein „Auftragswerk" für Preußens Königin Sophie Charlotte, die entsetzt war, aus Frankreich ketzerische Gedanken vernommen zu haben. Dort hatte Pierre Bayle aus der Prämisse, die Geschichte handle vornehmlich von Katastrophen, kühn geschlossen, Gott sei ein Verbrecher, da er es unterlassen habe, eine bessere Welt mit weniger Katastrophen zu schaffen, mit weniger Bösem, mit weniger Übel, mit weniger Leid. Leibniz, den wohl mit Sophie Charlotte einige Sympathie verband, antwortet auf Bayle und rechtfertigt den vor Gericht gestellten Gott hinsichtlich seiner Güte und Gerechtigkeit; „Theodizee" setzt sich aus den griechischen Wörtern θεός (Gott) und δίκη (Gerechtigkeit) zusammen.

1.4.1 Worauf Leibniz bauen konnte

Leibniz ist nicht der erste, der sich der Frage nach der Gerechtigkeit Gottes angesichts der Übel in der Welt annahm.

Epikurs Trilemma. Bereits der griechische Philosoph Epikur, der vor 2300 Jahren lebte, formulierte das Problem in seiner Grundstruktur: „Entweder will Gott die Übel beseitigen und kann es nicht: dann ist Gott schwach, was auf ihn nicht zutrifft, oder er kann es und will es nicht: dann ist Gott missgünstig, was ihm fremd ist, oder er will es nicht und kann es nicht: dann ist er schwach und missgünstig zugleich, also nicht Gott, oder er will es und kann es, was allein für Gott ziemt: Woher kommen dann die Übel und warum nimmt er sie nicht weg?"[25] Epikur fasst die Theodizee als Trilemma auf. Das Trilemma besteht darin, dass höchstens zwei der drei Gott zugeschriebenen Eigenschaften gleichzeitig gegeben sein können, um die Theodizeefrage problemlos zu beantworten. Das Übel könnte mit einem Gottesbild in Einklang gebracht werden, bei dem Gott zwar gut und wissend, zugleich jedoch hilflos ist, oder wissend und mächtig, aber auch böse und daher nicht hilfsbereit, oder gut und mächtig, nicht aber wissend, d.h. Gott *könnte* demnach helfen, wenn er nur eine Ahnung von unserem Leid hätte (hat er aber nicht). Bereits hier zeigt sich, dass das christliche Gottesbild sich an jeder der drei unproblematischen Alternativen stößt: weder der ohnmächtige, noch der böse (der schon gar nicht) oder der distanzierte Gott sind mit dem christlichen Glauben an einen Gott, der sich in der Geschichte seines Volkes erweist, der alle Menschen zu sich und damit zum Heil führen will und der sich in seinem Sohn mit dem Menschen und seinem Leid identifiziert. Allenfalls der Gedanke der Ohnmacht Gottes[26] kann uns Denkanstöße geben (vgl. zur zeitgenössischen und systematischen theologischen Deutung auch Kapitel 4.3).

Werden Gott alle drei Eigenschaften (in ihrer üblichen Tragweite und ihrem üblichen Verständnis) gleichermaßen zugeschrieben, so wie das im Christentum der Fall ist, haben wir ein Problem, das die Theodizee begründet. Anders gesagt: Die Existenz des Übels in der Welt – das ergibt sich aus Epikurs Trilemmafrage – wird nur in religiösen Systemen zum Problem, die von der Existenz eines einzigen personalen, allmächtigen, allwissenden und allgütigen Gottes ausgehen, weil der Kern der Theodizeefrage auf genau dieses Gottesbild ausgerichtet ist. Wenn ein anderes Gottesbild vorherrscht, das von Macht, Wissen oder Güte absieht, kann die Frage beantwortet werden. Wenn nicht nur ein einziger personaler Gott, sondern mehrere Götter angenommen werden, dann ist das Übel in der Welt als Folge ihrer Konkurrenz untereinander erklärbar. Im *Hinduismus* etwa sind es die konkurrierenden Gottheiten Brahma, Vishnu und Shiva, denen jeweils die Aufgaben der Schöpfung (Brahma), Erhaltung (Vishnu) und Zerstörung (Shiva) zukommen, eine klare Rollenverteilung, die keine systemimmanenten Fragen offen lässt. Wird – wie im *Buddhismus* – kein personaler Gott angenommen, sondern das „Göttliche im Menschen" verehrt, ergibt sich auch die Antwort auf die Theodizeefrage in einem Rekurs auf das Subjekt, das für sein Leid und sein Heil persönlich Sorge trägt, indem es durch Wohlverhalten sein Karma

25 Epikur: Von der Überwindung der Furcht, hg. v. O. Gigon. Zürich 1949, 80.
26 Eine Idee des jüdischen Religionsphilosophen Hans Jonas', auf die noch einzugehen sein wird.

(Schicksal) positiv beeinflusst. Dazu durchläuft es eine bestimmte Anzahl an irdischen Leben, wobei Leid und Heil des laufenden Lebens aus dem Verhalten der abgelaufenen Leben resultieren; offen bleibt, wie bzw. wodurch das Verhältnis von Leid und Heil im *ersten* Leben bestimmt wird, was die Problematik des *Ursprungs* des Bösen letztlich ungeklärt lässt.

So betrachtet ist die Theodizeefrage eine direkt an die monotheistischen Weltreligionen gerichtete, an Judentum, Christentum und Islam. Am problematischsten ist sie für das Christentum, da die Botschaft Jesu Christi das Bild eines allmächtigen, allgütigen, allwissenden, insbesondere langmütigen, mildtätigen, barmherzigen, kurz: *liebenden*[27] Gottes zeichnet und im Brief des Paulus an die Römer eindeutig gesagt wird, dass *alles*, was ist, von ihm kommt, durch ihn existiert und auf ihn bezogen ist (Röm 11, 36). Nirgendwo wird daher so um eine Antwort gerungen wie im Kontext der christlichen Philosophie. Schauen wir auf einige Schlaglichter der Ideengeschichte.

Christliche Philosophie. Für den Kirchenvater Origines ist die schier unbegrenzte Freiheit des menschlichen Willens entscheidender Quell des Bösen. Der Mensch muss sich zwischen Eigenliebe und Gottesliebe entscheiden, fällt seine Wahl auf erstere, legt er damit gleichsam den Grundstein zur Existenz des Übels. Origines spricht damit ein wichtiges Thema an, die menschliche Freiheit, bleibt jedoch mit seinem Erklärungsversuch im *malum morale* verhaftet; das *malum physicum* wird damit nicht erklärt.

Augustinus, der diese Einteilung des Übels vornahm – *malum morale* als das vom Menschen verursachte moralisch Böse, *malum physicum* als das über den Menschen kommende Übel, in Gestalt der Naturgewalten –, greift Origines' Dichotomie von Eigenliebe und Gottesliebe auf und baut sie in seinem Hauptwerk *De Civitate Dei* zu einem komplexen Bild einer Welt aus, in der sich die Erdenstadt und die Gottesstadt gegenüber stehen. Die Bewohner der Erdenstadt sind selbstsüchtige Sünder, die ihr Heil in irdischen Dingen suchen, während die Bewohner der Gottesstadt wie wahre Christen leben: gottgefällig und jenseitsorientiert. Die Möglichkeit, sich für eine Lebensform zu entscheiden, ist mit der Willensfreiheit gegeben. Augustinus ergänzt Origines Konzept um den Begriff der Begierde, die aus der Bindung des Menschen an seine Körperlichkeit entsteht und die mit dem Willen in

---

27 Gott ist Liebe – das ergibt sich notwendig aus der trinitarischen Beziehungsqualität des
    göttlichen Wesens nach christlicher Vorstellung.

Konkurrenz um die Verhaltenssteuerung tritt. Der Mensch ist nach Augustinus hin und her gerissen zwischen dem Willen, nicht zu sündigen, und der unstillbaren Begierde, es doch zu tun. Der Verlust des unangetasteten Willens zur Reinheit der Gottesliebe ist die unmittelbare Folge der Verfehlung Adams, die als „Erbsünde" auf die ganze Menschheit übergegangen sei. Durch diese erste, *freiwillig* begangene Sünde ist der Mensch seiner Natur nach schuldhaft geworden (Augustinus spricht von der natura vitiata, der verdorbenen Natur des Menschen). In dieser Biologisierung der Schuld – eigentlich eine moralische Kategorie, also der Freiheit unterworfen – ist das Böse quasi in die DNA des Menschen gelangt und pflanzt sich so unaufhaltsam fort. Niemand bleibt infolgedessen vom Übel gänzlich verschont. Das Böse hat für Augustinus indes ontologisch kein eigenes Wesen, sondern stellt eine privatio boni („Fehlen des Guten") dar. Das ist versöhnlich, kann doch das Böse somit durch das Tun des Guten zurückgedrängt werden. Zugleich ist es freilich eine Verharmlosung des Übels, das Menschen in der Geschichte widerfuhr und weiter widerfährt, weil es das *malum physicum* in seiner katastrophalen Wirkung unterschätzt.

Doch die Deutung des Bösen als privatio boni macht die Runde. Sie findet sich in der Folge bei Boethius (malum nihil est – „das Böse ist nichts") und bei Thomas von Aquin. Sie wird von Leibniz aufgegriffen, dessen *Theozidee* Höhepunkt und – wie viele meinen – auch Abschluss der Debatte im Rahmen rein metaphysischer Interpretationen des Bösen war.

1.4.2 Die Unvollkommenheit als Schlüsselmoment

Leibniz definiert nun neben den auf Augustinus zurückgehenden Klassen *malum morale* und *malum physicum* eine dritte Art von Übel, das *malum metaphysicum*, die Unvollkommenheit. Es muss dieses Übel geben, um ein Streben nach Vollkommenheit zu ermöglichen. Wäre alles schon vollkommen, wäre jedes Streben, mithin jedes Handeln sinnlos. Ferner würde sich dann kein signifikanter Unterschied zwischen dem vollkommenen Schöpfer und seiner dann ebenfalls vollkommenen Schöpfung ergeben, was die Schöpfung an sich als ununterscheidbar von Gott und damit als „Nicht-Schöpfung" entlarven würde, denn die Reproduktion des Gleichen führt nur zur Schaffung von Identitäten und die Manifestation einer Identität (A=A) ist – wie bereits weiter oben bemerkt – keine schöpferische Leistung, sondern lediglich die Formulierung einer unmittelbar einsichtigen einfachen Wahrheit. Das jedoch ist für den Schöpfer-Gott eindeutig zu wenig; er wollte, so Leibniz, etwas *wirklich* Neues schaffen.

So sind die Menschen als endliche rationale Wesen, denen Gott im Rahmen der Schöpfung keine Vollkommenheit zubilligen konnte, dem *malum metaphysicum* als einer „natürlichen Begrenzung"[28] des Geschaffen unterworfen, aus dem sich dann die physischen Übel, die Leiden, und die moralischen Übel, die Sünden, ergeben. Bedeutsam ist hierbei der Unterschied zwischen *schaffen* und *zulassen*: Nach Leibniz hat Gott das Übel nicht geschaffen, sondern zugelassen (permis), weil es im Plan der besten Welt notwendig enthalten war. Und der Mensch hat in diesem Plan keine Vollkommenheit (perfectio), wohl aber Vervollkommnungsfähigkeit (perfectibilitas). Das *malum morale* ist unterdessen ein Produkt der Freiheit des Menschen und hätte nur auf Kosten dieser Freiheit vermieden werden können; ein grundsätzlicher Ausschluss des moralisch Bösen von vorne herein bedeutete ja das Ende der Freiheit, denn man muss – um frei zu sein – auch böse sein können. Das Böse muss also um der Freiheit Willen als Teil der Schöpfung akzeptiert werden, nicht als Notwendigkeit, wohl aber als *Möglichkeit* menschlicher Gestaltungsoptionen.

Um Leibnizens Lösung zu verstehen, müssen wir folglich insbesondere das Konzept der Freiheit ernst nehmen. Die der Schöpfung eingestiftete Freiheit ruft leider auch Böses (Sünde, *malum morale*) hervor, das Übles (Leid, *malum physicum*) nach sich zieht bzw. enthält als sich gänzlich in Freiheit entlassene und sich somit frei entwickelnde Schöpfung das Moment des unvermeidlichen „Ur-Übels" (*malum metaphysicum*), das auch völlig unerklärliches Leid zur Folge hat, wenn etwa eine Naturkatastrophe oder Schicksalsschläge schuldlose Menschen treffen. Diese schrecklichen Optionen sind gleichsam der „Preis" für die Möglichkeit des Guten, eine Möglichkeit, die nur in Freiheit gegeben ist. Was wäre eine gute Tat wert, wenn es nicht auch die Möglichkeit der Verfehlung, der Sünde, gäbe und der Mensch nicht zwischen beidem eine echte Wahl hätte? Und: Eine erzwungene Handlung, mag sie noch so gute Folgen haben, werden wir nicht als moralisch gut ansehen. Wenn jemand freiwillig 100 Euro für die Seniorenarbeit in der Gemeinde spendet, werden wir das als gute Handlung schätzen. Zahlt jemand die 100 Euro erst, wenn ihm der Lauf einer geladenen Pistole auf die Brust gedrückt wird, werden wir nicht geneigt sein, die „Spende" als solche

28   B. Platz: Fatum et Libertas. Untersuchungen zu Leibniz' „Theodizee" und verwandten Schriften sowie Ciceros „De fato". Köln 1973, 190 f.

wertzuschätzen, obwohl in der Konsequenz jeweils das gleiche steht: die Seniorinnen und Senioren können sich einen bunten Abend machen. Doch wir unterscheiden unweigerlich die Absichten: den älteren Damen und Herren etwas Gutes zu tun oder die eigene Haut zu retten. Intentionalistisch betrachtet ist das ein Riesenunterschied, nämlich der zwischen egoistischer Zweckrationalität, aus der heraus das Nötige getan wird, um sich selbst zu helfen, und altruistischer Güte, mit der ein Mensch das Mögliche tut, um Anderen zu helfen.

Also: Das Zulassen des Bösen ist für Leibniz kein fahrlässiger Fehler Gottes in seinem Schöpfungswerk, sondern ein bewusstes Zugeständnis an die Freiheit des Menschen. Es bietet dem Menschen die Chance zur Vervollkommnung, zur Verbesserung der Welt. Die Erfahrung des Übels soll demnach nicht dazu führen, mit Gott zu hadern wie der Psalmist (vgl. Ps 77, 4-10), sondern die Welt im Sinne der Perfektibilität stets und ständig zu verbessern und damit bei sich selbst anzufangen. So dienen das Übel und das Böse letztlich auch zur Besserung des Menschen, das Böse, das durch andere Menschen in die Welt kommt, wird zur Herausforderung für die eigene moralische Konstitution. Diesen Gedanken der „Pädagogisierung des Leidens und des Bösen"[29] führt dann insbesondere der Leibniz-Epigone Christian Wolff weiter.

Trotz des vorhandenen Übels ist diese Welt für Leibniz die „beste aller möglichen Welten". Gott konnte nur die beste auswählen, denn wenn er eine bessere Möglichkeit nicht hätte erkennen können, wäre er nicht allwissend; hätte er sie erkannt, aber nicht verwirklichen können, wäre er nicht allmächtig, und hätte er sie zwar erkannt und auch erschaffen können, aber nicht erschaffen wollen, wäre er nicht gut. Hier sehen wir, wie Leibniz in der Struktur von Epikurs Trilemma-Frage argumentiert, sie auf den Kopf stellt, positiv wendet – zugunsten Gottes, eines Gottes, der in der Theodizee von der menschlichen Vernunft vor Gericht gezerrt wird und in Leibniz einen „Staranwalt" an seiner Seite weiß. Auch das ist Teil der „besten aller möglichen Welten".

---

29   C.-F. Geyer: Das Theodizeeproblem – ein historischer und systematischer Überblick, in: W. Oelmüller (Hg.): Theodizee – Gott vor Gericht? München 1990, 9-32, hier: 13.

1.4.3 Determinismus? Deismus? - Eine kurze Apologie

Was ist davon zu halten? Ehe wir voreilig eine Abwertung seines metaphysischen Theodizee-Gedankens im Licht der philosophiegeschichtlichen Rezeption[30] vornehmen oder den Gedanken schon deshalb verwerfen, weil er metaphysisch ist, sollten wir uns die zentralen Argumente noch einmal anschauen, orientiert an den beiden Hauptkritikpunkten: Leibnizens Idee wurde als Determinismus und Deismus zurückgewiesen.

Determinismus. Leibniz unternimmt den beachtlichen Versuch, den freien Willen des Menschen und die Rechtfertigung Gottes in Einklang zu bringen. Bei ihm schuf Gott die „beste aller möglichen Welten", eine Optimalwelt (mundus optimus), deren Ordnung durch die prästabilierte Harmonie gesichert wird, wie Leibniz in seiner *Monadologie* darlegt. In der vielfach auf grotesk verzerrte Frömmigkeit (Fatum Christianum) reduzierten *Theodizee* ist mehr enthalten als die naive Vorstellung einer „heilen Welt". Was in ihre *nicht* enthalten ist, das ist der Gedanke eines Determinismus' im Ablauf der Dinge dieser Welt. Denn die Unterscheidung möglicher Welten von der im Schöpfungsakt tatsächlich zur Existenz gebrachten Welt, in der wir leben und manchmal eben auch leiden, schafft den metaphysischen Raum für den genialen Gedanken einer Vorhersicht Gottes (preavisio), die nicht in eine Vorherbestimmung (praedeterminatio) mündet, sondern Freiheit zulässt, die nicht alles gut macht, sondern nur so gut wie möglich, die uns nicht ein Programm abspulen lässt, sondern unsere Entfaltung will – die moralische Ver-

---

30 Voltaire schrieb mit *Candide ou l'optimisme* eine bitterböse Satire gegen die *Theodizee*, Hegel urteilt, Leibnizens Lösung sei „für uns nicht mehr recht genießbar" (G.W.F. Hegel: Vorlesungen über die Geschichte der Philosophie III, in: Georg Wilhelm Friedrich Hegel. Werke, hg. v. E. Moldenhauer / K.M. Michel, Bd. XX. Frankfurt a.M. 1970, 236), Schopenhauer fand gar, wir lebten in der *schlechtesten* aller Welten (mundus pessimus); in ironischer Umkehrung von Leibnizens Herleitung der Optimalwelt stellt er fest: „Nun ist diese Welt so eingerichtet, wie sie seyn mußte, um mit genauer Noth bestehn zu können: wäre sie aber noch ein wenig schlechter, so könnte sie schon nicht mehr bestehn. Folglich ist eine schlechtere, da sie nicht bestehn könnte, gar nicht möglich, sie selbst also unter den möglichen die schlechteste" (A. Schopenhauer: Die Welt als Wille und Vorstellung. Stuttgart 1990, 757) und Nietzsche entledigt sich des Themas in der radikalsten Weise: der Aufkündigung der Verhandlungsgrundlage jeder Diskussion über die Theodizee durch den „Gottesmord" des Menschen: „Wohin ist Gott? rief er, ich will es euch sagen! Wir haben ihn getötet, – ihr und ich! Wir alle sind seine Mörder!" (F. Nietzsche: Die fröhliche Wissenschaft, in: Sämtliche Werke, Kritische Studienausgabe in 15 Bänden, hg. v. G. Colli / M. Montinari, Bd. 3. München 1980, Aph. 125). Auf Kants Rezeption des Theodizee-Topos komme ich noch ausführlicher zu sprechen.

fehlung eingeschlossen – und uns dabei zur Vervollkommnung der Welt aufruft und befähigt. Gott wählt nicht den „bestmöglichen Weg" für die Welt, sondern Er wählt die „bestmögliche Welt", die deswegen die „bestmögliche" ist, weil sie eben diesen Weg aus freien Stücken nimmt. Diese Differenz wird häufig übersehen, wenn Leibniz der Determinismusvorwurf gemacht wird.

Deismus. Auch die Charakterisierung Leibnizens als „Deist" ist demnach falsch, denn die Nichteinmischung Gottes ist in seiner Vorstellung gerade nicht gleichbedeutend damit, dass Gott die Welt einfach gleichgültig ihrem Schicksal überlässt, weil Gott und Welt nach dem Schöpfungsakt durch nichts mehr verbunden sind, sondern Leibniz denkt vielmehr daran, dass diese Nichteinmischung insoweit von vorne herein wesentlicher Aspekt der Schöpfungsabsicht Gottes war, als Gott eine Welt schuf, in der die Notwendigkeit einer späteren, nachträglichen Einmischung gar nicht gegeben ist – *das* ist Gottes Verbundenheit mit der Welt. Alle aus der begrenzten Sicht des Menschen etwaig nötigen „Einmischungen" sind insoweit schon vorweggenommen, als sie in der Welt, die nach göttlicher Prüfung realisiert wird (nach freier Entfaltung dieser zur Existenz gebrachten Welt als einer *möglichen* Welt), bereits enthalten sind, was eine Intervention Gottes im Nachhinein überflüssig macht. Auch der *Wunsch* des Menschen nach Einmischung, wie er sich etwa im Gebet ausdrückt, wird von Gottes praevisio schon erkannt, ehe er überhaupt realiter zum Ausdruck kommen kann, und a priori beschieden, da Gott, so Leibniz, im Raum seiner geistigen Möglichkeit „so lange" nach einer entsprechenden Lösung sucht, „bis" er sie gefunden hat, um dem Menschen zu antworten, „noch ehe" dieser in der Lage ist, seine Bitte zu artikulieren. Doch bleibt diese Bitte Voraussetzung für die Antwort und somit ebenfalls Teil der realen Welt, in der sie in zeitlicher Folge Priorität hat (erst Bitte, dann Antwort). Der Möglichkeitsraum, dem die zur Existenz gebrachte Welt entnommen wurde, ist selber jedoch *unzeitlich*. Bei Gott geschieht, wenn man es denn unbedingt so will, alles „gleichzeitig"; besser ist jedoch, von „unzeitlich" zu sprechen, denn bei Gott geschieht – nach Leibniz – überhaupt nur etwas *vor* dem Schöpfungsakt, die Zeit selbst wird aber ebenfalls von Gott erschaffen, als Teil der gewählten „besten Möglichkeit", sie ist vorher also noch nicht da. Gottes Schöpfergeist, in dem sich alle möglichen Welten entfalten, unterliegt nicht der raumzeitlichen Kausalität unserer realen Erfahrungswelt. Doch wir, als Teil der Schöpfung, als Teil der real existierenden, nach Leibniz „bestmöglichen" Welt unterliegen ihr sehr wohl. Deswegen ist es auch so schwer, von Dingen zu sprechen, die ohne raumzeitliche Kausalität auskommen, weil es nur schwer möglich ist, sich vorzustellen, dass überhaupt etwas ohne sie funktioniert.

1.5 Das Erdbeben von Lissabon

Als die Theodizee erschien – 1710 war das – da war die Welt aus europäischer Sicht tatsächlich in Ordnung. Die kleine Eiszeit war überstanden, der Dreißigjährige Krieg schon lange vorbei, die großen Nationen Europas hatten damit begonnen, den Rest der Welt unter sich aufzuteilen und profitierten schamlos von der Ausbeutung ganzer Völker. Die gigantischen ethischen Probleme, die wir heute in diesem Kontext erblicken (etwa die Sklaverei), wurden im Elfenbeinturm gelöst,[31] die Wissenschaft begann sich zu entwickeln, Bildung wurde zum allgemeinen Gut und der Fortschritt schien unausweichlich. Leibnizens *Theodizee* war die für diese Stimmung passende Welterklärungstheorie und blieb es genau 45 Jahre lang – bis zum Erdbeben von Lissabon (1755).

Nichts hatte die europäische Kultur bis dato so nachhaltig erschüttert wie das Erdbeben von Lissabon. Die unfassbare Katastrophe hat die Frage nach der Gerechtigkeit Gottes angesichts des Übels in der Welt neu gestellt, weil das Leid der Menschen den bisherigen Antworten – allen voran der Theodizee Leibnizens – spottete. Vergleichbare Wirkung auf das Denken von Gut und Böse in der europäischen Geistesgeschichte hatte nur noch der Holocaust. Auch wenn es sich bei jener Manifestation des Übels um *malum physicum* und bei dieser um *malum morale* handelt, vergleicht etwa Adorno die Ereignisse hinsichtlich ihrer kulturhistorischen Konsequenzen miteinander.[32] – Was war passiert?

---

31 Gerade die Aufklärungsphilosophie tat sich hier im 18. Jahrhundert unrühmlich hervor, doch auch die Katholische Kirche sah weg – bis auf wenige Ausnahmen (Petrus Claver, Bartolomé de Las Casas) – oder rechtfertigte sogar die Sklaverei indirekt.

32 Hans Jonas hingegen sieht eine klare Stufung: Auschwitz sei ungleich leidvoller als Lissabon, weshalb sich mit der Schoa und der Entmenschlichung ihrer Opfer die Theodizeefrage drängender und schärfer als je zuvor stelle, eine Antwort entsprechend noch schwerer zu geben sei (H. Jonas: Der Gottesbegriff nach Auschwitz. Eine jüdische Stimme. Frankfurt a.M. 1987, 12-13). Darauf wird noch genauer einzugehen sein.

1.5.1 „Verwüstet solches bis zum Grunde"

Ein Erdbeben mit folgender Flutwelle zerstörte am Vormittag des 1. November 1755 die portugiesische Hauptstadt Lissabon, damals die viertgrößte Metropole Europas, fast vollständig. Nach heutigen Schätzungen hatte das Beben eine Stärke von etwa 9 auf der nach oben offenen Richter-Skala. Mit bis zu 100.000 Todesopfern gehört es zu den zerstörerischsten Naturkatastrophen der europäischen Geschichte.

Der damals 55-jährige Johann Christoph Gottsched fasst den Sachverhalt zusammen:

> „Das prächtige Lissabon
> hieß lange schön und groß;
> Doch eine halbe Viertelstunde
> Verwüstet solches bis zum Grunde."[33]

Ähnlich wie heute schlug damals die Stunde der Krisenmanager, die sich durch geschicktes Auftreten Popularität und Ansehen sichern. Was das Hochwasser an der Elbe 2002 für Gerhard Schröder, das war das Erdbeben 1755 in Lissabon für Sebastião José de Carvalho e Melo, dem Ersten Minister des Königs, der zuvor als Kriegs- und Außenminister gedient hatte, und 15 Jahre nach dem Erdbeben zum Marquês de Pombal geadelt wurde. Der Premierminister, „ebenso charismatisch wie von machiavellistischem Pragmatismus durchdrungen"[34], nahm die technokratische Bewältigung der Krise beherzt in Angriff und praktizierte damit „das erste Katastrophenmanagement in einem modernen Sinne"[35]. In einer Art diktatorischem Regiment setzte er Truppen ein, um die Plünderungen unter Kontrolle zu bekommen, damals wie heute ein Nebeneffekt chaotischer Zustände. Es wurden 34 Personen unter dem Vorwurf der Plünderung hingerichtet.[36]

33 Gottsched, zit. nach H. Günther: Das Erdbeben von Lissabon und die Erschütterung des aufgeklärten Europa. Frankfurt a.M. 2005, 19.
34 R. Suchsland: Als ob der jüngste Tag kommen sey..., in: Telepolis, 5.11.2005 (URL: http://www.heise.de/tp/r4/artikel/21/21280/1.html, abgerufen am 1.4.2021).
35 Ebd.
36 Vgl. den Artikel „Erdbeben von Lissabon" in der deutschen Version der *Wikipedia* (URL: http://de.wikipedia.org/wiki/Erdbeben_von_Lissabon, abgerufen am 1.4.2021).

Die harte Hand zeitigte rasch den gewünschten Erfolg: Bereits ein Jahr nach dem Beben war Lissabon frei von Schutt und Trümmern. Doch mit seinem funktionalistischen Pragmatismus war der Technokrat nicht bei allen gleichermaßen beliebt: Als er etwa Leichen auf Schiffe laden und im Meer bestatten ließ, um das Entstehen von Epidemien zu vermeiden, protestierte die Kirche vehement, weil sie derartige Bestattungen ablehnte. Andererseits wirkten Kirche und Staat bei der empirischen Aufarbeitung des Erdbebens eng zusammen. Sebastião José de Carvalho e Melo beauftragte die Pfarrer Lissabons mit einer umfangreichen Datenerfassung, um Fakten über das Beben und seine Auswirkungen zu sammeln. Die Daten dienen bis heute zur Rekonstruktion und Erforschung des Erdbebens.

1.5.2 Theologische Versuche, philosophische Kritik

Das zerstörerische Erdbeben mit seinen vielen Opfern war allein schon ein Grund, mal wieder die Grundsatzfrage der Theodizee zu stellen. Es kommt aber noch schlimmer, denn: Gerade die Hauptstadt eines streng katholischen Landes war betroffen, eines Landes, das sich für die Verbreitung des Christentums in der ganzen Welt eingesetzt hatte. Doch auch das war der tiefen Irritation nicht genug. Das Unfassbare war, dass die alten Kirchen der Stadt fast gänzlich zusammengebrochen waren, während das Hurenviertel Lissabons, die *Alfama*, weitgehend erhalten blieb. Diejenigen also, die zum Gottesdienst des Hochfestes Allerheiligen, das die Kirche am 1. November feiert, gegangen waren (die Erde bebte gegen 9:40 Uhr, also zur üblichen Versammlungszeit der Gemeinden), wurden unter den Trümmern der Kirchen begraben, während diejenigen, die sich zur gleichen Zeit in der *Alfama* aufhielten (immer noch oder schon wieder), unverletzt davon kamen. Das muss man sich mal vorstellen!

Angesichts solch geradewegs bizarrer Umstände war die Erklärungsnot groß. Was für ein Gott soll das sein, der die Guten bestraft und die Bösen belohnt? Dass Gott ein solches Missverhältnis duldet, das so himmelschreiend ungerecht ist, das konnte man nicht verstehen. Die Theologen waren gefragt.

Mit der ebenfalls noch 1755 in Straßburg erschienen Schrift *Umständliche und zuverläßige Nachricht von dem entsetzlichen und unerhörten Erdbeben, welches den 1sten Novembris dieses 1755sten Jahrs die weltberühmte Stadt Lissabon und andere vornehme Orte betroffen: in sicheren Briefen, welche*

*Tit. Herr Rathherr Ruffier, vornehmer Handelsmann alhier, von daher er-
halten; zur Erweckung einer wahren Furcht Gottes und christlichen Mitleidens mitgetheilet* gab es einen ersten Versuch, eine Deutung im theologischen Sinne vorzunehmen, die nicht mit der Theodizee-Tradition bricht:
Das Erdbeben sei zwar „entsetzlich und unerhört", kann aber immer noch
„zur Erweckung einer wahren Furcht Gottes und christlichen Mitleidens"
dienen und damit exakt jenen Besserungseffekt hervorrufen, der in der
leibniz-wolffschen Vorstellung einer moralischen Erziehungswirkung von
Katastrophen aufscheint.

Daran knüpft auch Gottsched an, der mit erhobenem Zeigefinger schrieb:

> „O Herr! Vor dessen Wink auch Fels und Berge beben,
> Von dessen Odem sich auch Flut und Wellen heben,
> Wie schrecklich ist dein Zorngericht.
> Es kostet dich dein viertelstündig Wetter,
> So sinkt die Welt! und wo ist dann ein Retter?
> Und du, oh Mensch, erzitterst nicht!
> Ihr Spötter schweigt! Laßt ab von eurem Hohne
> Gott schlägt das Haupt , und ganz Europa bebt!
> Ihr stolzen Städte zagt! Und merkt's an eurer Krone;
> Wer weiß, wann euch sein Zorn in Schutt und Graus begräbt?
> Nicht Lissabon allein hegt Sünder:
> Wen dieser Fall nicht lehrt, dem droht sein Grimm nicht minder."[37]

Neben dem Versuch einer Harmonisierung von Gottesglauben und Welter-
fahrung, waren die theologischen Wortmeldungen oft von konfessioneller
Polemik getragen. Aus dem tradierten religiösen Deutungsmuster wurde
mithin ein Interpretations- und Erklärungsansatz gewonnen, der mit einer
kaum noch ungetrübt möglichen positiven Sicht auf die Katastrophe im Rahmen der guten göttlichen Schöpfungsordnung nicht nur vereinbar war, sondern diese Sicht noch schärfte, weil seine Verfechter in der unterstellten
konfessionellen Parteinahme Gottes geradezu den Sinn und Zweck des
Bebens abzulesen glaubten. Das Datum der Katastrophe (1. November) lud
geradewegs dazu ein, von preußisch-protestantischer Seite gegen den katholischen Feiertag Allerheiligen und seinen theologischen Hintergrund zu pole-
misieren; dass in der Katholischen Kirche Heilige verehrt werden, ist bis
heute eines der wesentlichen Unterscheidungsmerkmale gegenüber den

---

[37]   Gottsched, zit. nach Günther: Erdbeben von Lissabon, 20.

evangelischen Kirchen und kirchlichen Gemeinschaften. Zudem wurden an Allerheiligen die Inquisitionsurteile vollstreckt. Die pietistischen Theologen geißelten auch ganz allgemein die angebliche Dekadenz in der portugiesischen Metropole.[38]

Den Philosophen der Aufklärung wiederum fiel es schwer, am Optimismus des Zeitalters festzuhalten, an der Überzeugung, dass am Ende die vernünftige Ordnung der Dinge alles zum Rechten fügen werde. Nicht nur die Erde bebte am 1. November 1755, sondern der gesamte Duktus der abendländischen Kultur. Lissabon wurde zum „Ur-Mythos aller Erschütterung zivilisatorischer Selbstgewissheit durch den Eingriff blinder Naturgewalt"[39].

Unter diesen Umständen hagelte es natürlich Spott und Hohn für Leibnizens *Theodizee*, die Mitte des 18. Jahrhunderts immer noch zu den Bestsellern der europäischen Literatur zählte. In die „skeptische Grundstimmung"[40] hinein schrieb Voltaire mit seiner Satire *Candide ou l'optimisme* vier Jahre nach der Katastrophe eine Art Anti-Theodizee. Zuvor hatte er bereits im *Poème sur le désastre de Lisbonne* seinen Zweifel an Leibnizens Entwurf formuliert. Theodor Adorno meinte, „das Erdbeben von Lissabon reichte hin, Voltaire von der Leibniz'schen Theodizee zu heilen"[41]. Gegen Voltaires Polemik lässt sich allerdings mit Hans Poser einwenden, dass Leibnizens Optimismus nicht ein derart naiver gewesen ist, wie dies im *Candide* suggeriert wird.[42]

Immanuel Kant geht etwas milder mit Leibnizens epochalem Werk um und meint in seinem Text *Über das Mißlingen aller philosophischen Versuche in der Theodizee* (1791), dass die menschliche Vernunft zu begrenzt sei, um derartige metaphysische Spekulationen anzustellen, wie Leibniz dies getan habe; diese Grenzen gelte es anzuerkennen. Von Kants authentischer Theodizee wird später noch die Rede sein (vgl. Kapitel 4.3.1).

---

38   Vgl. dazu U. Löffler: Lissabons Fall – Europas Schrecken. Die Deutung des Erdbebens von Lissabon im deutschsprachigen Protestantismus des 18. Jahrhunderts. Berlin 1999; G. Lauer / T. Unger (Hg.): Das Erdbeben von Lissabon und der Katastrophendiskurs im 18. Jahrhundert. Göttingen 2008.

39   Suchsland: A. a. O., abgerufen am 1.4.2021.

40   S. Lorenz: De Mundo Optimo. Studien zu Leibniz' Theodizee und ihrer Rezeption in Deutschland (1710-1791). Stuttgart 1997, 181.

41   Th. W. Adorno: Negative Dialektik. Frankfurt a.M. 1966, 354.

42   Vgl. Poser: Leibniz, 176.

1.5.3 Kants Paradigmenwechsel

Jener Kant geht allerdings auch mit dem Erdbeben von Lissabon selbst anders um als die meisten seiner Zeitgenossen in der akademischen Welt, seien es Theologen oder Philosophen. Weder Apologetik noch Polemik bestimmten seine Auseinandersetzung mit der Katastrophe. Eine Katastrophe wie das Erdbeben von Lissabon ist für Kant vielmehr ein Grund, deren Phänomene zu evaluieren, um zu einer naturwissenschaftlichen Erklärung des fürchterlichen Ereignisses zu gelangen.

So nahm Kant das *malum physicum* des Erdbebens von Lissabon zum Anlass, seine Naturphilosophie um frühe Formen geophysikalischer Forschung zu erweitern, um die natürlichen Ursachen des Übels zu ergründen. 1756 – also unmittelbar nach der Katastrophe – veröffentlichte er drei Schriften zur Entstehung von Erdbeben. Seine Erklärung ist zwar falsch – Kant ging von unterirdischen Höhlen aus, in denen Feuer loderten und durch Wassereintritt Gase und Dämpfe entstünden, die zu Explosionen führen würden –, aber sie löste mit ihrer naturwissenschaftlichen Begründungsstruktur, die sich auf Experimente und Modelle stützte, den Aberglauben an den „Grimm Gottes"[43] als Ursache für Naturkatastrophen ab und zeigte, dass diese erforschbar sind. Insoweit gab Kants Rezeption des Erdbebens von Lissabon den Anstoß für die wissenschaftliche Auseinandersetzung mit derlei Naturphänomenen, sie markiert nicht weniger als die Geburtsstunde der preußischen Geowissenschaften. Forschung statt Kollektivbuße – das ist Kants Angebot einer neuen Form des Umgangs mit dem Übel der Katastrophe.

Kant bereitet so einem neuen Paradigma beim deutenden Umgang mit Katastrophen den Boden: der Naturforschung, die mit neuen Beziehungsdimensionen (*Mensch-Technik* bzw. *Mensch-Natur*) an die Stelle des bisher vorherrschen *Gott-Mensch*-Verhältnisses tritt und die Entwicklung zweier neuer Deutungsmuster grundlegt: Technodizee und Anthropodizee. Kant geht den ersten Schritt in Richtung einer neuen Umgangsform mit dem Übel: Natur, Wissenschaft und Technik sollen es künftig richten, wenn es um Deutung und Erklärung von Katastrophen und Krisen geht. Wir kommen mithin zum zweiten Ansatz: der *Technodizee*.

---

43 So Kants Zeitgenosse Gottsched, vgl. Günther: Erdbeben von Lissabon, 20.

2. Warum, Professor?! - Technodizee

Das Zeitalter des wissenschaftlich-technischen Deutungsmusters (1755 bis 1992)

2.1 Neue Wege. Kants naturphilosophische Katastrophendeutung

Der damals 31-jährige Immanuel Kant hat sich intensiv mit dem Erdbeben von Lissabon auseinandergesetzt. Königsberg, Kants Heimatstadt, und Lissabon waren im 18. Jahrhundert zwei europäische Metropolen und als Hafenstädte von großer wirtschaftlicher Bedeutung. Das Erdbeben von Lissabon wurde in ganz Europa diskutiert, es war schließlich *das* Katastrophenereignis des 18. Jahrhunderts, doch die Identifikation war in Königsberg besonders groß – als bedeutende Hafenstädte waren sie nicht nur wirtschaftlich eng verbunden.

Zudem stand eine Frage im Raum: Kann solch eine Katastrophe auch bei uns passieren? Der bereits zitierte Gottsched, der ebenfalls aus Königsberg stammte und gerade von dort nach Leipzig umgezogen war, mahnte eindringlich: Ja, eine solche Katastrophe kann auch bei uns passieren, weil es auch bei uns Sünder gibt und damit die Notwendigkeit eines göttlichen Zorngerichts. Kant sollte hierauf eine andere Antwort geben. Er sah im Gegensatz zu vielen seiner Kollegen statt des Bedarfs an *deutenden* moral-theologischen bzw. -philosophischen Abhandlungen zunächst und vor allem neue Herausforderungen für die *Naturphilosophie*. Er ist damit einer der ersten, die nach den *natürlichen* Ursachen der Katastrophe fragen und ihr Entstehen *erklären* wollen.

Kants naturphilosophische Auseinandersetzung mit der Katastrophe geschieht unmittelbar danach im Zuge dreier Texte. Im Januar und im April 1756 veröffentlicht er in der Königsberger Zeitung zwei Artikel: Zum einen die Abhandlung *Von den Ursachen der Erderschütterungen bei Gelegenheit des Unglücks, welches die westlichen Länder von Europa gegen das Ende des vorigen Jahres betroffen hat* und zum anderen die *Fortgesetzte Betrachtung der seit einiger Zeit wahrgenommenen Erschütterungen*. Dazwischen (im Februar 1756) erscheint seine Schrift *Geschichte und Naturbeschreibung der merkwürdigsten Vorfälle des Erdbebens* als Monographie bei Johannes Heinrich Hartung. Ferner setzt er für das Sommersemester 1756 an der Universität Königsberg ein „Kolleg über die physische Geographie und über Grundzüge der allgemeinen Naturwissenschaft" an, wie Ernst Cassirer in seiner Kant-Biographie von 1921 zu berichten weiß.[44]

---

44 E. Cassirer: Kants Leben und Lehre. Berlin 1921, 40.

Die drei einschlägigen Schriften Kants stehen in einer Reihe von natur-
philosophischen und naturwissenschaftlichen Abhandlungen des jungen
Privatgelehrten Kant, der sich in der Mitte der 1750er Jahre intensiv mit
Physik, Medizin und anderen Naturwissenschaften auseinandersetzte. Die
Naturphilosophie des „vorkritischen" Kant – gerade an ihr zeigt sich, wie
falsch diese häufig anzutreffende Einteilung in „vorkritische" und „kritische"
Phase ist – wird häufig etwas vernachlässigt, weil sie in der philosophie-
historischen Bedeutung hinter die drei Hauptwerke Kants (die berühmten
„Kritiken": Kritik der reinen Vernunft, 1781; Kritik der praktischen Vernunft,
1788; Kritik der Urteilskraft, 1790) zurückfällt. So widmet Manfred Geier in
seiner 2003 erschienen Biographie *Kants Welt* diesem Kapitel des kantischen
Werkes gerade mal etwa 40 von über 300 Seiten. Immerhin, könnte man
sagen, denn andere sparen die Naturbetrachtungen Kants noch mehr aus.[45]

Es ist also mitnichten so, dass sich Kant erst mit dem Erdbeben von Lissabon
für die Natur zu interessieren begann, sondern er dachte schon Jahre zuvor
über naturwissenschaftliche Fragen nach. Schon vor der *Allgemeinen Naturgeschichte und Theorie des Himmels* (1755) hat er sich mit naturwissenschaftlichen und insbesondere auch geologisch-geophysikalischen Themen
beschäftigt. So entstehen im Sommer 1754 zwei Aufsätze mit einschlägiger
Thematik, zum einen die *Untersuchung der Frage, ob die Erde in ihrer Um-
drehung um die Achse einige Veränderung erlitten habe* und gleich darauf,
ein paar Wochen später, erscheint die Schrift *Die Frage, ob die Erde veralte,
physikalisch erwogen*. Also, das Erdbeben von Lissabon stößt bei Kant nicht
nur auf Interesse, sondern es trifft ihn gewissermaßen vorbereitet. Der Philosoph stützt sich dabei auf alle Berichte über das Erdbeben von Lissabon, die
er bekommen kann, zudem auf die Erdbebenabhandlung innerhalb der
Naturgeschichte des französischen Forschers Georges Louis Leclerc, Comte
de Buffon, den er mehrmals zitiert. Nachfolgend sei kurz skizziert, was Kant
glaubte, unter Bezugnahme auf die vorhandenen Quellen über das Erdbeben
von Lissabon herausgefunden zu haben.

2.1.1 Drei Schriften zum Erdbeben

Von den Ursachen. Zunächst zu dem Text *Von den Ursachen der Erderschütterungen bei Gelegenheit des Unglücks, welches die westlichen Länder*

---

45 Cassirer etwa: Seine Biographie *Kants Leben und Lehre* enthält ganze 20 Seiten zu Kants
„naturwissenschaftlichem Weltbild", von insgesamt 450 Seiten.

von Europa gegen das Ende des vorigen Jahres betroffen hat. Der Aufsatz erschien zuerst in den „Wöchentlichen Königsbergischen Frag- und Anzeigungs-Nachrichten" Nr. 4 und 5, am 24. und 31. Januar 1756. Die Abhandlung fehlt in den früheren Kant-Ausgaben und den Schriftenverzeichnissen, obwohl Kant in der zweiten Schrift zum Erdbeben, in der *Geschichte und Naturbeschreibung* zweimal auf diese erste Schrift verweist. Erstmals erscheint die Abhandlung in Hartensteins Ausgabe von 1867/8.[46] Ich werde nun die Cassirer-Ausgabe von 1922 zugrundelegen; dort ist der Text in Band 1 auf den Seiten 429-437 abgedruckt.

Was sagt Kant nun in dem kurzen Text, den er selbst „nur ein[en] Entwurf"[47] nennt, mit dem er gewiss nicht jene „strenge Beurteilung" befriedigen könne, die „alles an dem Probierstein der mathematischen Gewißheit prüft"[48]? Eingangs sagt er etwas zur Stimmung in Europa und beschreibt das spürbare Mitleid und den allgemeinen Schrecken als wenig hilfreich bei der konstruktiven Verarbeitung des Ereignisses. Die „Bekümmernis" habe nichts zur „Hintertreibung" des „Schicksals" beizutragen.[49] Auf gut deutsch: Jammern hilf nicht! Zumindest dann nicht, wenn es darum geht, künftige Erdbeben durch ein besseres Verständnis der Vorgänge in ihren Auswirkungen zu mindern. Die Vergegenwärtigung der Naturgegebenheiten und damit die Vorbereitung der Ursachenforschung hingegen sehr wohl. Und damit legt Kant nun los.

Zunächst, so Kant, müsse berücksichtigt werden, dass „der Boden, über dem wir uns befinden, hohl"[50] sei, d. h., es gebe „unterirdische Wölbungen"[51], von deren erdgeschichtlichen Entstehung er nichts genaues sagen könne (diesbe-

---

46 J. Rath: Einleitung zu Von den Ursachen der Erderschütterungen bei Gelegenheit des Unglücks, welches die westlichen Länder von Europa gegen das Ende des vorigen Jahres betroffen hat, in: Kants gesammelte Schriften, hg. v. d. Königlich Preußischen Akademie der Wissenschaften. Bd. I, Erste Abt. (Werke), 1. Band (Vorkritische Schriften 1747-1756). Berlin 1910, 568.

47 I. Kant: Von den Ursachen der Erderschütterungen bei Gelegenheit des Unglücks, welches die westlichen Länder von Europa gegen das Ende des vorigen Jahres betroffen hat, in: Immanuel Kants Werke, hg. v. E. Cassirer et al. Bd. 1 (Vorkritische Schriften). Berlin 1922, 429-437, hier: 429.

48 Kant: Von den Ursachen, 429. Die Mathematik als „Probierstein" der Naturwissenschaft nahm Kant wohl sehr ernst. So soll er – einen Gedanken Leonardo da Vincis affirmativ aufnehmend – gesagt haben: „In jeder reinen Naturlehre ist nur soviel an eigentlicher Wissenschaft enthalten, als Mathematik in ihr angewandt werden kann".

49 Ebd.

50 Ebd.

51 Kant: Von den Ursachen, 430.

zügliche Erklärungen hätten „zu viel Anschein von Erdichtungen"[52]). Besagte „Wölbungen" lägen in Richtung der Gebirge und Flüsse. Eben diese Richtung sei es auch, „wonach die Erderschütterungen sich vornehmlich ausbreiten"[53].

Kant macht sich daraufhin Gedanken um den sinnvollen Wiederaufbau. Er fragt: „[S]ollte nicht der unglückliche Überrest von Lissabon Bedenken tragen, sich an demselben Flusse seiner Länge nach wiederum anzubauen?"[54] Kants Überlegungen eines Wiederaufbaus quer zur Richtung der Erdstöße fußen auf der Überlegung, „daß, wenn eine Stadt der Länge nach durch ein Erdbeben, welches dieselbe Richtung hat, erschüttert wird, alle Häuser umgeworfen werden, anstatt daß, wenn die Richtung in die Breite geschieht, nur wenig umfallen"[55]. Sein Denken kreist also weniger um die Frage nach den Ursachen erlebten Leids, sondern zielt vielmehr auf die Verhinderung künftigen Leids. Ganz im Sinne technischer Vorsichtsmaßnahmen versucht Kant, mögliche Schäden zu antizipieren und von vorne herein zu mindern. Er wirft zugleich den Schicksalsgläubigen vor, diese Vorsichtsmaßnahmen pflichtwidrig zu unterlassen und sich damit „Gnade und Ungnade"[56] zu übereignen.

Bezogen auf die Möglichkeit eines Erdbebens in Preußen folgt nun eine ironische Bemerkung in Richtung der Moralprediger, die, wie etwa Kollege Gottsched, die Möglichkeit eines Erdbebens in Preußen als Resultat der Sünde bejahen. Kant meint nun, wenn es sein Beruf wäre, „die Besserung der Sitten zu predigen", dann würde er auch „die Furcht davor um der allgemeinen Möglichkeit willen, die man freilich hierbei nicht in Abrede stellen kann, in ihrem Werte lassen"[57]. Will heißen: *Moralphilosophisch* wird es nicht schaden, mal mit einem Erdbeben zu drohen, um die Menschen zu bessern, die die Wahrscheinlichkeit eines solchen Ereignisses selbst nicht einschätzen können, aber *naturwissenschaftlich*, so Kant, könne man für Preußen ein Erdbeben als höchst unwahrscheinlich annehmen, weil Preußen „nicht allein ein Land ohne Gebirge ist, sondern auch als eine Fortsetzung eines fast durch und durch flachen Landes angesehen werden muß"[58]. Wenn man also die Menschen guten Gewissens auf den Pfad der Tugend zurück-

52 Ebd.
53 Ebd.
54 Ebd.
55 Kant: Von den Ursachen, 431.
56 Ebd.
57 Kant: Von den Ursachen, 432.
58 Ebd.

führen wolle, sollte die Angst vor einem Erdbeben nicht das Hauptmotiv sein, mit dem man die Läuterung betreibt.

Sodann macht Kant etwas sehr naturwissenschaftliches, er schlägt nämlich ein *Experiment* zur Nachahmung von Erdbeben vor, um sich deren Ursachen anzunähern: „Man nimmt 25 Pfund Eisenfeilig, ebensoviel Schwefel und vermengt es mit gemeinem Wasser, vergräbt diesen Teig einen oder anderthalb Fuß tief in die Erde und stößt dieselbe darüber fest zusammen. Nach Ablauf einiger Stunden sieht man einen dicken Dampf aufsteigen, die Erde wird erschüttert und es brechen Flammen aus dem Grunde hervor"[59]. Warum diese Ingredienzien? Dazu Kant: „Man kann nicht zweifeln, daß die beiden erstere Materien in dem Inneren der Erde häufig angetroffen werden, und das Wasser, das sich durch Spalten und Felsenritzen durchseigert, kann sie in Gärung bringen"[60].

Also, 1. es gibt „unterirdische Wölbungen", also Höhlen, 2. das dort vorhandene Eisen-Schwefel-Gemisch kann durch Wassereintritt gären, so dass Gas entsteht und sich die Höhlen allmählich mit diesem Gas anfüllen und 3. das entstandene Gas kann explodieren und so Erschütterungen hervorrufen. Das ist, kurz gesagt, Kants Theorie des Erdbebens. Egal, wie das nun geologisch zu bewerten ist (es stimmt natürlich nicht!), interessant ist der Ansatz einer Modellierung der Natur zu ihrem besseren Verständnis. Das ist zwar Mitte des 18. Jahrhunderts nichts Neues mehr, das empiristische Paradigma stammt von Francis Bacon, also aus dem frühen 17. Jahrhundert, aber im Kontext des Erdbebens von Lissabon, wo alles nur in Angst und Schrecken erstarrt ist, erfolgt der Verweis auf die experimentelle Forschung doch unerwartet. Man könnte sagen: Während Gottsched die Menschen zur Reue in den Beichtstuhl ruft, ruft Kant sie zur Ursachenforschung ins Labor.

Zu den Ursachen des Erdbebens von Lissabon folgt weiterhin der Verweis auf das Meer als Entstehungsraum – den Begriff „Epizentrum" benutzt Kant noch nicht. Er spricht davon, dass das „Aufwallen der Gewässer aus einer fortgesetzten Rüttelung [...] herzuleiten" sei und bietet für diesen Zusammenhang auf der Basis seiner Theorie als Erklärung „einen plötzlichen Druck" an, der „die Wassermasse in ihrem Innern erschüttert und als einen festen Körper forttreibt".[61] Die Ursache ist also nach Kant in einer punktuellen, explosionsartigen Entladung zu sehen, die diese druckvolle Wasserwelle

---

59   Kant: Von den Ursachen, 433.
60   Ebd.
61   Kant: Von den Ursachen, 434.

zu erzeugen vermag. Auch für die Entstehung der Wasserwelle führt er als Illustration seiner Theorie ein Experiment an, das ein Herr „Carre in dem 2ten Teil der physischen Abhandlungen der Acad. der Wissensch. pag. 549" beschrieben habe. Carre habe „in einem Kasten, der aus zweizölligen Brettern zusammengesetzt und mit Wasser gefüllt war, eine Flintenkugel [abgeschossen], die durch ihren Schlag das Wasser so presste, dass der Kasten ganz zersprengt wurde"[62]. Anhand dieses Versuchs könne man sich „einigen Begriff von dieser Art das Wasser zu bewegen machen"[63]. Zu dieser Wasserbewegung sagt Kant dann weiter, man müsse „die Fortsetzung [...] rund um sich als in einen Zirkel ausgebreitet gedenken, dessen Erweiterung mit der Entfernung vom Mittelpunkte zunimmt"[64]. Damit trifft er den Begriff des Epizentrums schon recht genau, zumindest was die Geometrie des Kreises anbetrifft, auch wenn die physikalischen Beschreibungen („Explosion", „Druck") und vor allem die chemische Ursache („Gas") weniger passt, weil der Sachverhalt schlicht ein anderer ist, wie wir heute wissen.

Wie dem auch sei: Kant ist bemüht um Ergründung der *natürlichen* Ursachen und erreicht damit zumindest, dass die naturwissenschaftliche Rezeption von Katastrophen neben die moraltheologische bzw. -philosophische tritt und zunehmend Bedeutung gewinnt.

Geschichte und Naturbeschreibung. Er selbst setzt damit fort, indem er seine Theorie zu einer eigenständigen Schrift erweitert, die *Geschichte und Naturbeschreibung der merkwürdigsten Vorfälle des Erdbebens, welches am Ende des 1755sten Jahres einen großen Theil der Erde erschüttert hat.* Sie erschien „sehr bald nach der vorigen"[65], also nach *Von den Ursachen.* Wir können daher als Entstehungszeitraum Ende Januar bis Anfang März 1756 annehmen; am 11. März 1756 wurde die Abhandlung bereits zum Kauf angeboten.[66] Ich werde auch hier aus der Cassirer-Ausgabe zitieren; dort steht der Text in Band 1 auf den Seiten 441-473.

---

62 Ebd.
63 Ebd.
64 Kant: Von den Ursachen, 435.
65 J. Rath: Einleitung zu Geschichte und Naturbeschreibung der merkwürdigsten Vorfälle des Erdbebens, welches am Ende des 1755sten Jahres einen großen Theil der Erde erschüttert hat, in: Kants gesammelte Schriften, hg. v. d. Königlich Preußischen Akademie der Wissenschaften. Bd. I, Erste Abt. (Werke), 1. Band (Vorkritische Schriften 1747-1756). Berlin 1910, 570-571, hier: 570.
66 Ebd.

Zunächst jedoch zur Akademie-Ausgabe von 1910. In der Einleitung zu dieser Ausgabe der *Geschichte und Naturbeschreibung der merkwürdigsten Vorfälle des Erdbebens* schrieb Johannes Rath: „Diese zweite und umfangreichste Abhandlung Kants über das Erdbeben von Lissabon erschien als selbständige Schrift in dem Verlage von Johannes Heinrich Hartung in Königsberg i. Pr. sehr bald nach der vorigen, denn in den Acta Facultat. Philos. Bd. V S. 218 findet sich der Censurvermerk ‚d. 21. Febr. [1756] M. Immanuel Kant Geschichte und Naturbeschreibung der merkwürdigsten Vorfälle des Erdbebens anno 1755' und am 11. März 1756 wurde sie in den ‚Wöchentlichen Königsbergischen Frag- und Anzeigungs-Nachrichten' zum Kauf angeboten. Bei der Beurtheilung dieser Abhandlung wie der sie begleitenden [also der beiden Aufsätze, J.B.] muss in Erwägung gezogen werden, dass dieselben vor Begründung einer wissenschaftlichen Geologie geschrieben worden sind."[67] Und was 1910 galt, gilt heute, über ein Jahrhundert später, selbstredend in besonderer Weise.

Dennoch lohnt ein Blick auf die naturwissenschaftlichen Erklärungsversuche Kants, die provokante Traditionsbrüche zu zeitgenössischen moralphilosophischen und -theologischen Deutungsmustern aufweisen. Zudem sind sie, auch nach heutigen Erkenntnissen, nicht völlig falsch. Anders gesagt: Sie werden nicht schon dadurch falsch, dass ihnen die empirische Datenbasis fehlt und sie i. W. auf Vermutungen basieren. Auf Messungen, wie wir sie heute durchführen, konnte Kant natürlich nicht zurückgreifen. Umso erstaunlicher, dass er in seiner Interpretation häufig den Punkt trifft. In diesem Sinne gilt das, was Rath weiterhin ausführt: „Bemerkenswerth ist, daß Kant als Erster Behauptungen aufstellt und durch Beweise zu belegen sucht, daß die ungeheure Verbreitung des Lissabonner Erdbebens durch die Fortpflanzung der Erschütterungen im Meere verursacht worden sei, eine Behauptung, welche jetzt allgemein als richtig anerkannt wird"[68]. Heute wird das Epizentrum 160 km südwestlich von Lissabon vermutet. Das ergibt sich u. a. aus Computermodellen, in denen der Verlauf des Erdbebens aufgrund von Augenzeugenberichten rekonstruiert wird. Die Berechnungen weisen darauf hin, dass der Tsunami entstanden ist, weil sich der Meeresboden an einer Stelle um elf Meter gehoben und an einer anderen um sechs Meter gesenkt hat. Das alles wusste Kant natürlich nicht, und er spricht auch – wie bereits ausgeführt – nicht explizit von Epizentrum und Plattentektonik, sondern von einer „Explosion" im Meeresboden und sich konzentrisch ausbrei-

67 Ebd.
68 Ebd.

tende Druckwellen. Trotzdem gelingt es ihm, den Ausgangspunkt des Erdbebens im Meer zu lokalisieren – in Ermangelung empirischer Daten ein
ganz guter Befund.

Kant führt in diesem Text etwas breiter in das Thema ein und motiviert zu
Beginn in einer Art Vorwort sein Erkenntnisinteresse: „Die Natur hat nicht
vergeblich einen Schatz von Seltenheiten überall zur Betrachtung und
Bewunderung ausgebreitet. Der Mensch, welchem die Haushaltung des Erdbodens anvertraut ist, besitzt Fähigkeit, er besitzt auch Lust, sie kennen zu
lernen und preiset den Schöpfer durch seine Einsichten."[69] Den Schöpfer
preisen durch Einsicht in die Schöpfung, das ist eine Formel, die sich viele
christliche Naturforscher zu eigen gemacht hatten, etwa Kopernikus und
Newton, und die dann über Leibniz Eingang in die deutsche Aufklärung
fand, dort als „Physicotheologie" bisweilen übersteigert wurde, etwa bei
Barthold Heinrich Brockes[70].

Es gelte nun, so Kant, die Gesetze der Natur zu erforschen, nach denen Gott
das gewohnte Schöne, aber auch das ungewohnte Schreckliche – die „Erschütterung der Länder", die „Wut des [...] bewegten Meers", die „feuerspei-
enden Berge" –[71] eingerichtet habe, um sich mit dem Schrecklichen „bekannt
zu machen". Man werde dann feststellen, dass es sich um Folgen derselben
Naturgesetze handele und dass die Normalität einem nur deswegen „natür-
licher" erscheint, weil man mit ihr „mehr bekannt ist".[72] Die Katastrophe ist
also nur eine Besonderheit, die deswegen so furchterregend ist, weil man sie
nicht erklären kann und daher die Einordnung schwerfällt. Sie findet aber
innerhalb der Naturgesetzlichkeit statt und läuft dieser nicht etwa zuwider.

Wir müssen also die Katastrophe kennenlernen, um sie einordnen, um sie
deuten zu können. Kant meint deswegen: „Die Betrachtung solcher schreck-

---

69   I. Kant: Geschichte und Naturbeschreibung der merkwürdigsten Vorfälle des Erdbebens,
     welches am Ende des 1755sten Jahres einen großen Theil der Erde erschüttert hat, in:
     Immanuel Kants Werke, hg. v. E. Cassirer et al. Bd. 1 (Vorkritische Schriften). Berlin 1922,
     441-473, hier: 441.
70   Brockes ist einer der Hauptvertreter der „Physicotheologie" des 18. Jahrhunderts, deren
     Motiv es war, von der Anschauung der Natur (φύσις) auf Gott (θεός) zu schließen. In der
     sehr umfänglichen Gedichtsammlung *Irdisches Vergnügen in Gott* (es erschienen ins-
     gesamt neun Bände) beschreibt Brockes das Kleine und Gewöhnliche in der Natur – etwa
     eine Fliege – als das Beachtliche und Wunderbare und schließt daraus auf den Schöpfer.
71   Kant: Geschichte und Naturbeschreibung, 441.
72   Ebd.

lichen Zufälle ist lehrreich."[73] Er spricht von „Zufällen" in der Natur, nicht von gottgewollten Schicksalsschlägen. Hier erfolgt die deutliche Abgrenzung zur „Sünden- und Zornesrhetorik" der Moraltheologie, obgleich auch für Kant die Demut eine Folge des Erdbebens von Lissabon ist, wenn auch mit einem anderen Tenor, denn es klingt die gerichtete Ehrfurcht vor den Naturgesetzen Gottes an, nicht die diffuse Angst vor göttlicher Strafe, wenn Kant sagt, der Mensch werde durch die Beschäftigung mit Katastrophen zur Demut genötigt, dadurch „daß sie ihn sehen läßt, er habe kein Recht oder zum wenigsten, er habe es verloren, von den Naturgesetzen, die Gott angeordnet hat, lauter bequemliche Folgen zu erwarten"[74]. Der Mensch lerne aus der Katastrophenbetrachtung, „daß dieser Tummelplatz seiner Begierenden billig nicht das Ziel aller seiner Absichten enthalten sollte" [75].

Das ist interessant. Zum einen klingt hier die augustinische Erbsündenlehre an („zum wenigsten, er habe es verloren"), nach der erst durch den Sündenfall dem Menschen Leiderfahrung zukommt. Erst die verdorbene Natur (natura vitiata) des gefallenen Menschen erlebt die ganze Wucht des Naturgeschehens, erst mit der Vertreibung aus dem Paradies ist er ihr ausgeliefert und es beginnt die Menschheitsgeschichte als Kette von Katastrophen. Zum anderen kommt doch wieder eine soteriologische Sicht hinein, mit einem deutlichen eschatologischen Hinweis: Die Welt als „Tummelplatz seiner Begierenden" möge dem Menschen dennoch nicht zum „Ziel aller seiner Absichten" gereichen. Es habe also keinen Sinn, nur in dieser Welt und auf diese Welt zu bauen. Weil – ganz konkret im Kontext von Lissabon – die Gebäude dieser Welt dem Einsturz geweiht sind – früher oder später. Dies bietet Anknüpfungspunkte zur christlichen Weltsicht, die mit den Metaphern des „Bauens" und des „Hauses" die Differenz von Himmel und Erde zu verdeutlichen versucht, Gottgewolltes gegen allzu Menschliches, Unvergängliches gegen Vergängliches setzt.[76]

Sodann geht es nach diesem Vorwort an die Sachfragen. Es geht 1. um die Beschaffenheit des Erdbodens (hier führt Kant seine Höhlentheorie aus), 2. um die Vorboten des Erdbebens (hier listet Kant eine Reihe von Beobachtungen im Vorfeld des Erdbebens auf und entwickelt so die Idee einer Prävention durch Prognostik), 3. um den Verlauf des Erdbebens von Lissabon (hier ist sein Bemühen um die Ermittlung exakter Daten erkennbar), 4. um

---

73 Ebd.
74 Ebd.
75 Ebd.
76 Vgl. etwa das Gleichnis „Vom Hausbau" (Mt 7, 24-27; Lk 6, 47-49).

die möglichen Ursachen des Erdbebens von Lissabon (hier vertieft Kant seine Explosionstheorie), 5. um drei weitere Beben in der Region (am 18. November sowie am 9. und 26. Dezember 1755), 6. um einen möglichen periodischen Zusammenhang (hier deutet er bestimmte logische Zahlenreihen in die Abfolge der vier Erdbeben hinein, um einen regelmäßigen Zyklus zu finden), 7. um die Lokalisierung besonders gefährdeter Erdbebenregionen (auf Basis der Ursachenforschung zu Lissabon, mit teilweise erstaunlich guten Ergebnissen [Küstenregionen und Halbinseln], auch wenn die Begründung wieder fälschlich von unterirdischen Höhlen als Ursache ausgeht),[77] 8. um die Erdbebenrichtung (hier wiederholt er die Gedanken aus dem *Ursachen*-Aufsatz), 9. um einen möglichen Einfluss der Jahreszeit auf Erdbeben (wegen Regen und Nässe werden die „fürchterlichsten und häufigsten [Erdbeben] in den Herbstmonaten gegen das Ende des Jahres gefühlet"[78]; auch hier bildet wieder die „Höhlen-Ritzen-Wassereintritt-Gas-Explosionstheorie" den Erklärungshintergrund), 10. um den „Einfluß der Erdbeben in den Luftkreis"[79] und das Magnetfeld der Erde („Ich kann nicht mit Stillschweigen übergehen, daß an dem schrecklichen Tage Allerheiligen die Magnete in Augsburg ihre Last abgeworfen haben und die Magnetnadeln in Unordnung gebracht worden."[80]) und 11. um den „Nutzen der Erdbeben"[81], obgleich sich Kant bewusst ist, damit ein „heißes Eisen" anzufassen, wenn er unmittelbar nach der Katastrophe von deren Nutzen spricht: „Man wird erschrecken, eine so fürchterliche Strafrute der Menschen von der Seite der Nutzbarkeit angepriesen zu sehen."[82]

Doch nach Kant gibt es ihn, den Nutzen. Er liegt in der Bewusstmachung des elementaren Unterschieds von *malum physicum* und *malum morale*, von natürlichem und menschlich verursachtem Übel. Wenn das erste uns heimsucht, müssen wir das zweite noch mehr zu vermeiden suchen, gewissermaßen als Mittel des Ausgleichs. Bei Naturkatastrophen gibt es in der Tat so

---

77 Kant: Geschichte und Naturbeschreibung, 460 f.: „Unter allen fortgehenden Höhlen, die unter der obersten Rinde der Erde begriffen sind, müssen diejenigen ohne Zweifel die engsten sein, die unter dem Meergrund fortlaufen, weil daselbst der fortgesetzte Boden des festen Landes in die größte Tiefe herabgesunken ist und weit niedriger auf seiner untersten Grundlage ruhen muß als die Örter, die gegen die Mitte des Landes hinliegen. Nun ist es aber bekannt, daß in engen Höhlen eine entzündete, sich ausdehnende Materie heftiger um sich wirken müsse, als wo sie sich ausbreiten kann."
78 Kant: Geschichte und Naturbeschreibung, 464.
79 Ebd.
80 Kant: Geschichte und Naturbeschreibung, 466 f.
81 Kant: Geschichte und Naturbeschreibung, 467.
82 Ebd.

etwas wie den spontanen Schulterschluss von Feinden im geteilten Übel. Man hat das in Indonesien und Sri Lanka erlebt beim Tsunami 2004, als dort kämpfende Verbände wegen der Naturkatastrophe eine Art Waffenstillstand vereinbart hatten; dass solch ein „Notstandswaffenstillstand" meist nicht lange hält, nämlich nur so lange die Not besteht, ist eine andere Sache. Kant ermahnt angesichts des erlebten *malum physicum* die Menschen, nun besonders darauf zu achten, wenigstens das *malum morale* so gering wie möglich zu halten. Hier scheint wieder der Läuterungsgedanke der Moraltheologie durch, doch eher im Sinne des Besserungseffekts leibniz-wolffscher Provenienz. Es geht ihm nicht um die Behauptung, mit weniger *malum morale* könne künftiges *malum physicum* verhindert werden, wie von der zeitgenössischen Moraltheologie noch mehrheitlich gepredigt – Motto: Die Strafe folgt der Sünde, dem Ende der Sünde folgt das Ende der Strafe. Kant trennt die Kategorien hinsichtlich ihrer Ursächlichkeit (das eine hat nichts mit dem anderen zu tun), bringt sie aber im Sinne eines holistischen Humanismus mit Blick auf die Konsequenz, den leidenden Menschen, zusammen. Der Mensch hat die Chance (und letztlich die Pflicht), gerade angesichts des kaum beeinflussbaren Leids, das ihn durch Naturkatastrophen ereilt, das von ihm selbst verursachte Leid zu minimieren.

In diesem Sinne appelliert Kant an Friedrich den Großen, gerade jetzt Frieden zu halten: „Ein Fürst, der, durch sein edles Herz getrieben, sich diese Drangsale des menschlichen Geschlechts bewegen läßt, das Elend des Krieges von denen abzuwenden, welchen von allen Seiten überdem schwere Unglücksfälle drohen, ist wohl ein wohltätiges Werkzeug in der gütigen Hand Gottes und ein Geschenk, das er den Völkern der Erde macht, dessen Wert sie niemals nach seiner Größe schätzen können."[83] Den sich abzeichnenden Krieg, der später als der Siebenjährige Krieg (1756-63) in die Geschichte eingehen sollte, konnte er damit freilich nicht verhindern, aber er erinnert an die Verantwortung des Menschen. Wenn das, was nicht in unserer Macht steht, schief läuft, dann muss uns das, was in unserer Macht steht, besonders am Herzen liegen und wir müssen unseren Einfluss zum Guten in besonderer Weise geltend machen.

Weiterhin von Bedeutung ist die Rolle der Daten und die Funktion der Prognostik, die Kant der Forschung zubilligt. Auch das ist nicht neu. Schon in der Antike hat man Kausalitäten herzustellen versucht zwischen mehreren zeitnah auftretenden Naturereignissen, doch verfolgt Kant diesen Gedanken

---

83   Kant: Geschichte und Naturbeschreibung, 473.

systematisch. Dass es möglicherweise empirisch erfassbare Vorboten eines Erdbebens gibt, wie etwa das abnorme Verhalten der Tiere, wird als wichtig erkannt und im zeitlichen Kausalzusammenhang wohlbegründet darzulegen versucht, um zu wirklich korrekten Vorhersagen zu kommen.

Letztlich kommt Kant wieder auf das eschatologische Motiv zurück und resümmiert, uns lehre diese Katastrophe, „daß die Güter der Erde unserm Triebe zur Glückseligkeit keine Genugtuung verschaffen können"[84], wenn auch die moraltheologische Deutung noch einmal deutlich verworfen wird: „Der Anblick so vieler Elenden, als die letztere Katastrophe unter unsern Mitbürgern gemacht hat, soll die Menschenliebe rege machen und uns einen Teil des Unglücks empfinden lassen, welches sie mit solcher Härte betroffen hat. Man verstößt aber gar sehr dawider, wenn man dergleichen Schicksale jederzeit als verhängte Strafgerichte ansieht, die die verheerten Städte um ihrer Übeltaten willen betreffen, und wenn wir diese Unglückselige als das Ziel der Rache Gottes betrachten, über die seine Gerechtigkeit alle ihre Zornschalen ausgiesset. Diese Art des Urteils ist ein sträflicher Vorwitz, der sich anmaßet, die Absichten der göttlichen Ratschlüsse einzusehen und nach seinen Einsichten auszulegen."[85] Kant selbst jedoch wagt darauf eine Deutung göttlicher Absichten, indem er davon spricht, dass die „höchste Weisheit" Gottes „die niederen Zwecke den höheren untergeordnet" habe.[86]

Fortgesetzte Betrachtung. Der dritte Text ist die *Fortgesetzte Betrachtung der seit einiger Zeit wahrgenommenen Erschütterungen,* der zunächst in den „Wöchentlichen Königsbergischen Frag- und Anzeigungs-Nachrichten", Nr. 15 und 16, am 10. und 17. April 1756 erschienen ist.[87] In der Akademie-Ausgabe steht der Text auf den Seiten 465-472, ich zitiere wieder die Cassirer-Ausgabe, in welcher der Text in Band 1 auf den Seiten 477-484 abgedruckt ist. Mit der *Fortgesetzten Betrachtung* liefert Kant noch einmal acht Seiten Nachschlag, aber nichts wesentlich Neues. Interessant ist nur der Schluss. Hier gemahnt Kant wiederum zur Demut. Der Mensch sei gefangen in den Naturgewalten und in dieser Lage – Fortschritt hin oder her – eben doch

84 Kant: Geschichte und Naturbeschreibung, 472.
85 Kant: Geschichte und Naturbeschreibung, 471.
86 Kant: Geschichte und Naturbeschreibung, 472. Vgl. dazu W. Breidert: Die Erschütterung der vollkommenen Welt. Die Wirkung des Erdbebens von Lissabon im Spiegel der europäischen Zeitgenossen. Darmstadt 1994, 98.
87 J. Rath: Einleitung zu Fortgesetzte Betrachtung der seit einiger Zeit wahrgenommenen Erschütterungen, in: Kants gesammelte Schriften, hg. v. d. Königlich Preußischen Akademie der Wissenschaften. Bd. I, Erste Abt. (Werke), 1. Band (Vorkritische Schriften 1747-1756). Berlin 1910, 575.

„niemals etwas mehr als ein Mensch"[88]. Wolfgang Breidert sieht darin eine Erinnerung an die „große Diskrepanz zwischen der technischen Kühnheit des Menschen und seinen technischen Fähigkeiten"[89].

2.1.2 Zusammenfassung

Sicher: Heute sind wir schlauer. Doch auch Kants Katastrophenforschung traf einigermaßen ins Schwarze. Richtig lag er mit der Lokalisierung des „Epizentrums" im Meer, falsch lag er mit der Vermutung einer (Gas-/Dampf-)Explosion als Ursache des Bebens. Diese Ambivalenz fasst Breidert wie folgt zusammen: „Die große Bedeutung, die Kant als erster dem Meer für die weite Ausbreitung der Erdbebenwirkung zusprach, gilt auch heute noch als anerkanntes Wissen, doch zeigt sich in seiner Fixierung auf Explosions- und Dampfkraft, wie stark auch Kant, trotz seiner Bemühung um naturwissenschaftliche Strenge, den Meinungen seiner Zeit unterliegt"[90]. Auch so manche am Rande angestellte Bemerkung erwies sich als nützlich. Alexander von Humboldt etwa bestätigt in der Abhandlung *Über den Bau und die Wirkungsart der Vulkane in den verschiedenen Erdstrichen* (1823) Kants Anmerkungen von der inneren Verbindung der Feuerschlünde innerhalb seiner Erdbebentheorie.

Das Entscheidende ist jedoch: Kant läutet einen Paradigmenwechsel in der Betrachtung von Naturkatastrophen ein. Diese sind ein natürliches Phänomen und kein Schicksalsschlag. Entsprechend tritt er als Naturphilosoph auf, weniger als Moralphilosoph, nicht als Prediger. Er will die Forschung anstoßen, nicht die Buße. Der neue methodische Ansatz durchbricht und überwindet gleichsam das, was Kant an der Theologie seiner Zeit so verachtet, den „dogmatischen Schlummer". Kants Studien stellen somit den Beginn der

---

88   I. Kant: Fortgesetzte Betrachtung der seit einiger Zeit wahrgenommenen Erschütterungen, in: Immanuel Kants Werke, hg. v. E. Cassirer et al. Bd. 1 (Vorkritische Schriften). Berlin 1922, 477-484, hier: 484.
89   Breidert: Erschütterung der vollkommenen Welt, 98.
90   Ebd. Mit den „Meinungen seiner Zeit" spielt Breidert auf Nicolas Lémery an, denn der „offered a chemical and physical explanation of underground fires, earthquakes, lightning and thunder. He discovered that heat is evolved when iron filings and sulphur are rubbed together to a paste with water, and the artificial volcan de Lemery was produced by burying underground a considerable quantity of this mixture, which he regarded as a potent agent in the causation of volcanic action" (vgl. den Artikel *Nicolas Lémery* in der deutschen Version von *Wikipedia*, unter http://en.wiki-pedia.org/wiki/Nicolas_Lemery). In der Tat scheint Kants Experiment in *Von den Ursachen* auf Lémerys Forschungen zu basieren.

modernen geowissenschaftlichen Erdbebenforschung dar. Seine nüchterne Betrachtung der Katastrophe erstreckt sich – und das mag für die nachfolgende geologische Forschung besonders wichtig gewesen sein – auch auf die Reflexion von wissenschaftsmethodologischen Fragen, etwa die Beachtung quantitativer Verhältnisse bei der Ursachenforschung.[91] Umso wichtiger ist die Rezeption des großen Denkers auch als Naturphilosoph und Wissenschaftstheoretiker.

Rekapitulieren wir noch einmal, was wir bisher in diesem Kapitel zur Technodizee betrachtet haben: Mit der Aufklärung im 18. Jahrhundert, deren Anfangspunkt aus deutscher Sicht Leibniz bildete, deren Höhepunkt und Abschluss – ebenfalls aus deutscher Sicht – Kant bildete, wendete sich das Blatt: Wissenschaft und Technik werden zu den vorherrschenden Denkformen, das wissenschaftlich-technische Deutungsmuster steht fortan im Zentrum der Katastropheninterpretation und der Krisenbewältigung. Leibniz hatte bereits mit seiner vielfältigen Arbeit zur Aufwertung differenzierter Forschung beigetragen; er war das letzte Universalgenie und sorgte selbst dafür, dass es nach ihm keine Universalgenies mehr geben kann. Kant wiederum stellt das noch bei Leibniz vorherrschende religiöse Deutungsmuster in Frage und beginnt, nach natürlichen Ursachen zu forschen – nicht ganz korrekt, aber immerhin war damit ein neuer Deutungsansatz gefunden.

2.2 Technik, die (nicht immer) begeistert

Es sind Wissenschaft und Technik, die im 19. Jahrhundert die Industrialisierung antreiben – mit allen Problemen, die wir heute zunehmend erkennen (Stichwort: anthropogener Klimawandel durch Treibhausgasemission). Zugleich werden Wissenschaft und Technik damit nicht nur zum Gegenstand von Erklärung und Deutung, sondern auch zum Gegenstand des moralischen Urteils: gute Wissenschaft, böse Wissenschaft – gute Technik, böse Technik. Gerade im 20. Jahrhundert wird das praktisch zum Alltag, sei es, dass ein Öltanker havariert, ein Flugzeug abstürzt, ein Zug entgleist, ein Medikament furchtbare Nebenwirkungen zeigt oder ein Werkstoff sich – nach Jahren der flächendeckenden Verwendung – als krebserregend erweist. Ob der Untergang der *Titanic* (1912) oder der Super-GAU im Atomkraftwerk Tschernobyl (1986), immer stand auch die jeweilige Technik auf dem Prüfstand der Moral. „Atomkraft – Nein, Danke!" – das ist eine Aussage mit ethischer Dimension,

91 Ebd.

die auf ein wissenschaftlich-technisch basiertes Energieversorgungssystem zielt, das *an sich* außermoralisch ist, im Verwendungskontext aber zum ethischen Problem wird. Wissenschaft, Technik und Moral zusammenzubringen, ist Anliegen der *Technodizee*, eines Ansatzes, den Hans Poser in Analogie zur Theodizee entwickelt hat.[92]

Poser umreißt die Analogie wie folgt: „In seiner Rechtfertigung Gottes ist für Leibniz das Übel um der Harmonie in der besten aller möglichen Welten willen als unvermeidlich zuzulassen. Als verwandelte Form der Theodizee ergibt sich das Technodizee-Problem, in dem nicht Gott, sondern der Mensch für die üblen Folgen seiner Schöpfung angeklagt wird. Als Mängelwesen mit Vernunft ist der Mensch einerseits auf die Technik angewiesen, andererseits gefährdet er durch die unvermeidlichen zerstörerischen Folgen technischer Schöpfungen sein Überleben und stellt vielleicht sogar das eigene Dasein in Frage. Haben wir für dieses Problem eine Lösung?"[93] Hier tauchen zwei Begriffe auf, die es zu klären gilt: „Technik" und „Mängelwesen".

Technik. Das Wort kommt aus dem Griechischen – τέχνη bedeutet „Kunst", „Wissenschaft", „Handwerk". Technik steht in der Tat irgendwo dazwischen, als Resultat wissenschaftlicher Forschung, als möglichst kostengünstige Massenware, als Gebrauchsgegenstand mit anspruchsvollem Design. Technik soll fortschrittlich, praktisch und idealerweise auch schön sein. Gerade bei technischen Gütern, deren Qualität sich von Anbieter zu Anbieter kaum unterscheidet, wird besonderes Augenmerk auf Ästhetik gelegt – man denke an Laptops und Mobiltelefone, die nicht mehr (nur) mit ihren Leistungsmerkmalen beworben werden, sondern zunehmend auch damit, dass sie leichter, schmaler, eleganter sind.

Um zu verstehen, warum es Dinge wie Laptops und Mobiltelefone gibt, müssen wir uns weit in die Vergangenheit begeben und die anthropologischen Annahmen reflektieren, die in der abendländischen Kultur als entscheidend für die Technikgenese begriffen werden. Am Anfang steht der Mensch ziemlich blöd da. So beschreibt es zumindest Platon in seinem Dialog *Protagoras.* Die Kurzfassung der Ursprungslegende technischer Lösungen geht etwa so: Nach der Erschaffung der Welt statten die Titanenbrüder Epimetheus und

92   H. Poser: Malum technologicum. Die Technodizee als Transformation der Theodizee, in: Berlioz, Nef (Hg.), L'actualité de Leibniz. Les Deux Labyrinthes. Stuttgart 1999, 193-205, Ders.: Von der Theodizee zur Technodizee. Ein altes Problem in neuer Gestalt. Hannover 2011.

93   Poser: Von der Theodizee zur Technodizee, Klappentext.

Prometheus die geschaffenen Wesen aus. Dabei ergibt sich ein Problem: Nachdem Epimetheus („der danach Denkende") die Tiere mit allem, was wichtig ist, um auf der Erde zu leben (vor allem: zu überleben), ausgestattet hat, bleibt den beiden Brüdern nichts mehr für den Menschen. Der steht dort „nackt, unbeschuht, unbedeckt, unbewaffnet"[94]. Wie gesagt: Dumm gelaufen! Die Lösung: Prometheus („der Vorausdenkende") stiehlt den Göttern die Weisheit und das Feuer – Know how und Power. Damit kann der Mensch nun $\tau\acute{\epsilon}\chi\nu\eta$ treiben und herstellen, was ihm das Überleben sichert, z.b. ein Schwert, einen Helm, einen eisernen Trinkbecher.

Mängelwesen. Über 2000 Jahre später – der Mensch hatte durch seine $\tau\acute{\epsilon}\chi\nu\eta$ gewaltige (durchaus auch gewaltsame) Fortschritte erzielt – nimmt Arnold Gehlen die Anthropologie Platons auf, indem er den Menschen als „Mängelwesen"[95] charakterisiert, „sinnesarm, waffenlos, nackt, in seinem gesamten Habitus embryonisch, in seinen Instinkten verunsichert"[96]. Technik dient infolgedessen der Organentlastung, der Organverstärkung und dem Organersatz, durch Technik macht „der Mensch sich die Natur dienstbar"[97], ja: durch die vom Menschen geschaffenen Artefakte entsteht gleichsam eine „Ersatznatur", eine „zweite Natur". Maßgebend für die Technikgenese ist nach Gehlen also ein Mangel, dem abgeholfen werden soll.

Die Entwicklung von Technik kann jedoch auch mit dem spanischen Kulturphilosophen José Ortega y Gasset aufgefasst werden als „Anstrengung, Anstrengung zu sparen"[98]. Hans Poser pflegte in seiner technikphilosophischen Vorlesung diesen Gedanken augenzwinkernd mit einem deutschen Sprichwort zu erhellen: „Um es sich bequem zu machen, sollte man niemals zu faul sein". Zugleich weist Poser in seiner Analyse von Ortega y Gassets technikphilosophischem Hauptwerk *Meditación de la técnica* darauf hin, dass damit

---

94 Platon: Protagoras, 321 b-c.
95 A. Gehlen: Der Mensch. Seine Natur und seine Stellung in der Welt (1940). Wiesbaden 1986, 20. Das Konzept übernimmt Gehlen von Johann Gottfried Herder, der schon festgestellt hatte: „Daß der Mensch den Tieren an Stärke und Sicherheit des Instinkts weit nachstehe, ja daß er das, was wir bei so vielen Tiergattungen angeborene Kunstfähigkeit und Kunsttriebe nennen, gar nicht habe, ist gesichert", in: J. G. Herder: Abhandlung über den Ursprung der Sprache (1772). Stuttgart 1993, 20.
96 A. Gehlen: Die Seele im technischen Zeitalter. Sozialpsychologische Probleme in den industriellen Gesellschaft. Hamburg 1957, 8.
97 Gehlen: Die Seele im technischen Zeitalter, 7.
98 J. Ortega y Gasset: Betrachtungen über die Technik (1939), in: Gesammelte Werke, Stuttgart 1978, Bd. IV, 7-69, hier: 19.

die Technik „dem Lebensentwurf stets nachgeordnet"[99] ist und mit ihr letztlich nichts zum Überleben Notwendiges, sondern – ganz im Gegenteil – etwas Überflüssiges in die Welt gebracht wird: „Die Technik ist die Erzeugung des Überflüssigen: heute so gut wie in der Steinzeit"[100]. Zugleich verselbständigt sich die Technik nach Ortega y Gasset heute (das heißt: bereits zum Zeitpunkt des Erscheinens der *Meditación*, Ende der 1930er Jahre, als an Laptops und Mobiltelefone noch nicht zu denken war), insoweit sie eine „vom natürlichen Menschen getrennte Funktion" gewinne und „völlig unabhängig von ihm und nicht seinen Grenzen verhaftet" sei.[101] Heute – im Jahr 2021 – gilt das umso mehr, wo *Facebook*-Konten auch nach dem Tod des Inhabers von zuvor bestellten Avataren weiterbefüllt werden.

Technik dient dem Menschen in jedem Fall zur Erweiterung seiner Handlungsspielräume, kurz: zur Vergrößerung seiner Freiheit – und damit idealerweise zum Guten. Doch Technik enthält auch potenzielles Übel, das uns immer dann deutlich vor Augen steht, wenn sich Katastrophen mit und durch Technik ereignen oder ankündigen. Flugzeugabstürze, Autounfälle oder Störungen in Kernkraftwerken machen deutlich, welchen Preis wir für den Freiheitszuwachs zahlen. Schließlich zeigen uns die immer düsteren Langzeitprognosen zu Umweltverschmutzung und Klimawandel, dass es eine existenzielle Frage ist, wie und inwieweit wir von welcher Technik Gebrauch machen. Technik ist also Wohl und Übel zugleich. Damit weist Technik die gleiche Ambivalenz von Gut und Böse auf wie sie menschlichen Handlungen allgemein und wie sie auch der Natur eigen ist. So wie es *malum morale* und *malum physicum* gibt, so gibt es eben auch ein *malum technologicum*. Damit kommen wir zur *Technodizee*.

2.3 Hans Posers *Technodizee*

Der Philosoph und Leibniz-Experte Hans Poser hat den Begriff *Technodizee* ganz bewusst gewählt, um die Verbindung zur *Theodizee* schon im Titel seiner Arbeit deutlich herauszustellen. In Analogie zu Leibnizens Argumentation entwickelt Poser den Gedanken, dass das Übel unserer Zeit das *malum technologicum* sei, das in der Möglichkeit einer Einschränkung mensch

---

99   H. Poser: José Ortega y Gasset. Meditación de la técnica, in: C. Hubig, A. Huning, G. Ropohl (Hg.): Nachdenken über Technik. Die Klassiker der Technikphilosophie. Berlin 2000, 289-292, hier: 290.
100 Ortega y Gasset: Betrachtungen über die Technik, 24.
101 Ortega y Gasset: Betrachtungen über die Technik, 58.

licher Freiheit besteht, durch die Zerstörung der natürlichen Lebensgrundlagen und die ständig virulente Gefahr von Katastrophen als Ergebnis von Technik. Oft bringt uns Technik in eine Zwickmühle, z.b. bei der Frage guter Energiebereitstellung: Kohlekraft erzeugt zu viel CO_2, was den Klimawandel antreibt („Zerstörung der natürlichen Lebensgrundlagen"), klimafreundliche Atomkraft kann im Fall eines GAUs katastrophale Zustände herbeiführen („ständig virulente Gefahr von Katastrophen").

Kurz: Die Technik, die wir schufen, um freier zu werden, schränkt uns zunehmend ein. Zumindest besteht diese Gefahr. Vor dem Hintergrund der düsteren Prognose zum Klimawandel will auch die Technik – bzw. deren Entstehung, Entwicklung und Nutzung – gerechtfertigt sein. Die Argumentation läuft bei Leibniz über drei Ebenen: 1. die der *Möglichkeit* (Gott wählt aus den Möglichkeiten die beste aus), 2. die der *Verantwortung* Gottes für die erschaffene Welt und 3. die der *Wertung*, das heißt es muss klar sein, was „gut" und was „böse" bedeutet. Diese Ebenen, so Poser, finden sich auch im Technikdiskurs wieder.

Möglichkeit. Zunächst geht es um den „Ermöglichungsgrund einer besseren Welt"[102]. Es gibt drei Varianten des Technikgeneseverständnisses, die jeweils einen anderen modalen Status haben. Zum einen kann der Ingenieur als derjenige angesehen werden, der an die Stelle des Schöpfergottes tritt, der aus einem Ideenreich die beste Möglichkeit für eine Maschine o. ä. identifiziert, auswählt und konstruiert, so wie Gott aus den möglichen Welten die beste identifiziert und erschaffen hat. Das setzt eine platonische Denkweise voraus, dass es nämlich ein solches „Ideenreich" gibt.[103]

Zum anderen ist es denkbar, dass Technikentwicklung quasi automatisch abläuft, unabhängig vom Menschen. Dieses Nichtsteuerbarkeitspostulat wird von einer technikkritischen Richtung vertreten, häufig in Anbindung an Joseph Weizenbaum bzw. an dessen apokalyptisch anmutende populärwissenschaftliche Bücher *Kurs auf den Eisberg. Die Verantwortung des Einzelnen in der Diktatur der Technik* (1987) oder *Computer Power and Human Reason. From Judgement to Calculation* (1976), auf deutsch 1977 erschienen als *Die Macht der Computer und die Ohnmacht der Vernunft.*

102 H. Poser: Malum technologicum, 198.
103 Eine solche Ontologie vertreten heute nur noch wenige Technikphilosophen. Herausragend war in diesem Zusammenhang das Werk *Philosophie der Technik. Das Problem der Realisierung* (1928) von Friedrich Dessauer.

Die dritte Option geht davon aus, dass Technik von allen Menschen geschaffen wird. Damit liegt die Technikgenese weder in den Händen eines Einzelnen (des „Schöpfer-Ingenieurs"), noch entsteht und entwickelt sich Technik „einfach so". Vielmehr verlangt die Gesellschaft nach technischen Lösungen, und Menschen aus dieser Gesellschaft befriedigen diese Bedürfnisse zum Wohle aller (oder besser: vieler). Das mögliche Übel, das Technik mit sich bringt, wird hierbei nicht als Hemmnis betrachtet, das die Reduktion technischer Eingriffe nahe legt, sondern als Aufforderung zu mehr – und im Sinne des Fortschrittsoptimismus – *besserer* Technik. Ein Beispiel dafür wäre die Suche nach „sicheren" Reaktortypen für die Atomenergie (vgl. Kapitel 2.4.2).

Verantwortung. Sodann muss sich Gott in Leibnizens *Theodizee* für die von ihm geschaffene Welt angesichts des in ihr spürbaren Übels vor der menschlichen Vernunft verantworten. Dieses Verständnis von Verantwortung übertragen auf die *Technodizee* führt zu der Formel, dass sich der Mensch vor dem Menschen für die Schaffung und den Gebrauch von Technik verantworten muss. Unterstellt, dass Technik weder die einsame Schöpfung eines Ingenieurs und auch nicht ein sich immer weiter verselbstständigender Prozess ist, sondern gesellschaftlich generiert wird, geht es in der *Technodizee* um die Mitverantwortung aller Akteure, also auch der Konsumenten, die eine bestimmte Technik wollen, nicht um die Generalverantwortung eines einzelnen Forschers oder Ingenieurs und auch nicht um das schicksalhafte Annahmen einer Entwicklung, für die niemand Verantwortung trägt.

Wie genau Verantwortung zu denken ist, soll in Kapitel 3 erläutert werden. Doch soviel steht bereits fest: „Mitverantwortung aller Akteure" – das macht die Sache schwierig, weil Abgrenzungen kaum vorgenommen werden können. Wer trägt die Verantwortung, wenn ein Flugzeug abstürzt? Der Konstrukteur, der Pilot, der Mehrheitsaktionär, der immer stärkeren Druck ausübt auf die Fluggesellschaft, Kosten zu reduzieren oder gar der Fluggast selbst, der immer billiger und schneller ans Ziel kommen will? Alle – irgendwie. Jeder Einzelne trägt einen Teil der Verantwortung, weil jede und jeder Einzelne an ihrer oder seiner Stelle mit ihren oder seinen spezifischen Ansprüchen das System „Technik" – hier: das Flugzeug – generiert, auch, wenn für Konstruktion und Produktion die allerwenigsten Menschen konkret verantwortlich sind.

In diesem Zusammenhang sei an die Rezeption des Erdbebens von Lissabon durch Jean-Jacques Rousseau erinnert, der bereits die Meinung vertrat, die

Folgen der Katastrophe habe sich der Mensch selbst zuzuschreiben. Rousseau schreibt im *Brief der Vorsehung*: „Gestehn Sie mir, dass nicht die Natur zwanzigtausend Häuser von sechs bis sieben Stockwerken zusammengebaut hatte, und dass, wenn die Einwohner dieser großen Stadt gleichmäßiger zerstreut und leichter beherbergt gewesen wären, so würde die Verheerung weit geringer, und vielleicht gar nicht geschehen sein"[104]. Auch wir siedeln heute in Gebieten, von denen wir wissen, dass sie künftig höchstwahrscheinlich von einem Erdbeben heimgesucht werden oder in Küstenregionen, die vom Klimawandel bedroht sind. Wir bauen Häuser, nicht nur von „sechs bis sieben Stockwerken", sondern von sechzig bis siebzig Stockwerken. Wer trägt dann die (Mit-)Verantwortung für die Folgen, wenn es zur Katastrophe kommt? Die Stadtplaner, der Bauunternehmer, der Investor, der Bauherr?

Wertung. Schließlich sei die Frage nach der Bedeutung von „gut" und „böse" gestellt. In der *Theodizee* Leibnizens ist das klar. Es herrscht das Prinzip des Besten, das Gott veranlasst, ein Maximum an Ordnung wirklich werden zu lassen, was ein Maximum an Harmonie und Vollkommenheit in der Welt bedeutet, keine absolute zwar, wie wir schon sahen (vgl. Kapitel 1.4.2), jedoch eine größtmögliche.

Was aber ist das Prinzip des Besten in der Technik? Hier gibt es aufgrund der unterschiedlichen Interessen der am gesellschaftlichen Geneseprozess beteiligten Akteure auch unterschiedliche Gütevorstellungen: Dem Ingenieur geht es um Funktionalität, dem Aktionär um Wirtschaftlichkeit, dem Gewerkschafter um Sozialverträglichkeit, dem Kunden um Freude bei der Anwendung. Ferner stellt sich das Problem der Abschätzung von Folgen: Das Prinzip des Besten in der *Technodizee* ist an den Wissensstand des endlichen, fehlbaren Wesens Mensch gebunden, hat also nicht die unendliche *praevisio* des allwissenden und allmächtigen Gottes im Rücken, die Leibniz in der *Theodizee* als Schöpfungskonstitution unterstellt. Darin liegt eine besondere Brisanz, denn es sind ja gerade jene Folgen, mit denen keiner rechnet, die so verheerend sind, weil nichts an Schutzmaßnahmen ergriffen wird, einfach deshalb, weil das Problembewusstsein fehlt. Man denke etwa an die Mineralfaser Asbest oder an den Kühlstoff FCKW, die in den 1960er Jahren in erster Linie als eines wahrgenommen wurden: als preiswert. Und im 19. Jahrhundert hätte kein Mensch daran gedacht, dass die Industrialisierung einen derartigen ökologischen Einschlag hat, dass zwei Jahrhunderte später die Menschheit um ihre Existenz bangen muss. Und ganz unmöglich ist die

---

104   J.-J. Rousseau: Schriften, hg. v. Ritter, München / Wien 1978, 71 f.

Einschätzung, ob und wann es zu konkreten Katastrophen kommt. Auch, wenn die Wahrscheinlichkeit eines GAUs in einem deutschen Atomkraftwerk als so gering angenommen wird, dass nur alle paar tausend Jahre ein solcher Unfall auftritt, wissen wir immer noch nicht, ob es in zweitausend Jahren oder nächste Woche so weit sein wird.

Was bedeutet dies nun für den Technikdiskurs? Die Strukturanalogie von *Theodizee* und *Technodizee* legt im Ergebnis nahe, nach bestem Wissen und Gewissen eine Bewertung von Technik jenseits der eindimensionalen ökonomischen Verwertungslogik vorzunehmen und nach einer Antwort auf die Frage nach Gut und Böse *für den Menschen* zu suchen, also insbesondere im Hinblick auf soziale, gesundheitliche und ökologische Folgen. Nur eine solche Technik ist gerechtfertigt, bei der diese Folgen hinreichend berücksichtigt sind. Die Strukturanalogie gebietet ferner, die für die Technikgenese Zuständigen – und das sind wir alle, jede und jeder von uns – stärker in die Verantwortung zu nehmen (ganz im Sinne einer depotenzierenden Theodizee-Deutung im Perspektivwechsel von der Ursachenforschung zur Überwindungsambition, etwa bei Hans Jonas, vgl. Kapitel 4.3), mit dem Ziel, künftiges Technik-Übel, künftige Katastrophen zu verhindern, auch wenn dieses Ziel nie gänzlich erreicht werden kann.

Die Strukturanalogie bedeutet aber auch, dass wir sämtliche strukturellen Schwierigkeiten mitnehmen, also auch eine mögliche Unlösbarkeit der Technodizeefrage aufgrund der Undurchsichtigkeit des wissenschaftlich-technischen Systemzusammenhangs. Wenn die Wege des Herrn unerforschlich sind, wie das der Apostel Paulus schreibt,[105] und das die Theodizee für den Menschen letztlich unauflösbar macht, dann könnten auch die Wege wissenschaftlich-technologischer Entwicklung und deren Folgen in der Technik unerforschlich sein – bei aller kritischen Anfrage an Wissenschaft und Technik im Sinne der Technodizee. Man darf andererseits nicht zu schnell die möglichen Probleme einzelner Techniken ausblenden bzw. gleich gar nicht danach fragen, weil deren Vorzüge, gerade auch die wirtschaftlichen, zu verlockend erscheinen. Darin liegt der Wert der Technodizee als „Gerechtigkeit der Technik", dass sie von wissenschaftlich-technologischen Lösungen in Gestalt konkreter Techniken nicht nur fordert, dass sich diese rechnen, sondern dass sie dem Menschen und der Umwelt gerecht werden.

---

105 Röm 11, 33: „O Tiefe des Reichtums, der Weisheit und der Erkenntnis Gottes! Wie unergründlich sind seine Entscheidungen, wie unerforschlich seine Wege!"

2.4 Corona und Klimawandel

Technik zwischen Gerechtigkeit und Gefahr

Schauen wir uns an, was das bedeutet für einige der drängendsten technischen Fragen im Zusammenhang mit Corona und Klimawandel.

2.4.1 Corona. Zur Vertretbarkeit einer Impfung

In Deutschland und auch in anderen Ländern ging es Anfang des Jahres 2021 endlich los mit den Impfungen. Freilich wird es noch eine Weile dauern, bis hierzulande alle, die wollen, auch geimpft werden konnten (Optimisten sprechen vom Herbst 2021), noch länger womöglich, bis auch in den ärmeren Regionen der Welt Impfungen flächendeckend durchgeführt wurden. Dennoch: Ein Hoffnungsschimmer im Hinblick auf das kommende Jahr, das wieder etwas mehr Normalität bringen könnte.[106]

Die Impfung ist somit ohne jeden Zweifel der „Ermöglichungsgrund einer besseren Welt". Sie erfüllt fraglos die Bedingung des Prinzips des Besten: Prävention einer potenziell lebensgefährlichen Krankheit – wer sollte dagegen etwas einzuwenden haben? Dafür zu sorgen, dass eine Krankheit gar nicht erst zum Ausbruch kommt, ist sicherlich *gut*. Es sei denn, man unterstellt, der Impfkampagne lägen verborgene Motive zugrunde, die Impfung selbst sei mit bösen Absichten verbunden, etwa das Erbgut zu manipulieren, die Weltbevölkerung zu reduzieren oder mittels Nano-Chips die Geimpften zu versklaven. „Querdenker" postulieren dergleichen – Leibniz darf sich im Grabe herumdrehen. Für diese Schauergeschichten gibt es keine belastbaren Anhaltspunkte. Doch es gibt auch zwei ernstzunehmende Einwände: Nebenwirkungen als bekanntes Übel und ein amoralischer Genesekontext, der die Frage nach dem Guten der Impfung an sich – nicht nur hinsichtlich ihrer Folgen – aufwirft.

Zu den Nebenwirkungen lässt sich allgemein wohl soviel sagen, dass sie ein vertretbares Risiko darstellen, das von den deutschen und internationalen Fachorganisationen insgesamt als kleiner eingeschätzt wird als das Risiko,

---

106 Wobei man sich als Sportsfreund schon die Frage stellen muss, was eigentlich an den für 2022 geplanten Olympischen Winterspielen in Chinas Hauptstadt Peking und einer Fußball-Weltmeisterschaft in Katar *normal* sein soll. Aber das nur am Rande.

keine Impfungen durchzuführen. Die hierzulande zugelassenen Impfstoffe wurden ausreichend getestet, die Verantwortung dafür von Entwicklern, Produzenten und Aufsichtsbehörden sorgsam wahrgenommen. Das ist zumindest der Eindruck, der entsteht, wenn man sich als medizinischer Laie in seriösen Medien informiert. Zum Genesekontext lohnt es sich jedoch, etwas genauer hinzuschauen. Der Corona-Impfstoff werde aus abgetriebenen Föten hergestellt, hört man immer wieder. Es stellen sich zwei Fragen: Stimmt das? Und – wenn es stimmt – welche ethischen Folgen hat das?

Zunächst: Es stimmt *so* nicht, also nicht direkt. Es ist aber wohl so, dass einige der Impfstoffe mit Hilfe einer Zelllinie entwickelt wurden, die Forscher vor etwa einem halben Jahrhundert aus dem Gewebe abgetriebener Föten gewannen. Welche das sind, dazu fand ich in den Medien ganz unterschiedliche Angaben. Polens Bischofskonferenz etwa hat aus diesem Grund „ernste moralische Einwände" gegen die Corona-Impfstoffe der Pharmaunternehmen Astrazeneca und Johnson & Johnson erhoben.[107] Zudem sollen – so die Einschätzung des Vorsitzenden der Vereinigung „Ärzte für das Leben", Paul Cullen – bei der Entwicklung des Moderna-Impfstoffs Tests auch an Zellen aus der Niere eines wahrscheinlich 1972 in der 20. Schwangerschaftswoche abgetriebenen Kindes vorgenommen worden sein.[108] Möglicherweise betrifft das auch das Vakzin von BioNTech/Pfizer.[109]

Für meine Argumentation gehe ich davon aus, dass man im Zweifel mit dem Impfstoff eines Herstellers konfrontiert wird, der wie beschrieben entwickelt bzw. getestet wurde. Ohnehin gilt grundsätzlich: „Die Wirkstoffe für manche Impfstoffe […] werden auf fötalen Zelllinien hergestellt"[110]. Die „Ärzte für das Leben" erklären dazu: „Bereits seit den 1960er Jahren werden aufbereitete Zellen von abgetriebenen Kindern (humane fetale Zelllinien) für die Herstellung bestimmter Aktiv-Impfstoffe vermarktet. Dabei handelt es sich

107 Polnische Bischöfe gegen Impfstoffe auf Abtreibungs-Basis, in: Katholisch.de, 14.4.2021 (URL: https://www.katholisch.de/artikel/29454-polnische-bischoefe-gegen-impfstoffe-auf-abtreibungs-basis, abgerufen am 27.4.2021).
108 Moderna-Impfstoff an Zellen eines abgetriebenen Kindes getestet, in: Die Tagespost.de, 23.11.2020 (URL: https://www.die-tagespost.de/politik/aktuell/moderna-impfstoff-an-zellen-eines-abgetriebenen-kindes-getestet;art315,213832, abgerufen am 27.4.2021)
109 J. Stöhr / J. Wild / A. Adam: Ist die Verweigerung der Corona-Impfung unsolidarisch?, in: Theologisches. Katholische Monatsschrift, Jg. 51 (2021), Nr. 3/4, 91-110, hier: 95.
110 Antwort des österreichischen Bundesamts für Sicherheit im Gesundheitswesen auf die Frage „Stimmt es, dass Impfstoffe auf abgetriebenen Föten hergestellt werden?" (URL: https://www.basg.gv.at/konsumentinnen/wissenswertes-ueber-arzneimittel/arzneimittel/impfstoffe/faq-impfstoffe#c7529).

um die Aktiv-Impfstoffe gegen die Virusinfektionskrankheiten Hepatitis A, Röteln und Windpocken, die auch heute noch in Deutschland und europaweit ausschließlich mit Hilfe humaner fetaler Zelllinien hergestellt werden"[111]. Das gilt prinzipiell auch für zumindest einige der Varianten des Corona-Impfstoffs, die in Deutschland zum Einsatz kommen. Davon, dass der Impfstoff „aus abgetriebenen Föten hergestellt" wird, kann jedoch nicht die Rede sein, vielmehr ist es so, dass er mit Hilfe von Zellen hergestellt wird, die vor rund 50 Jahren mit Hilfe des Gewebes eines abgetriebenen Fötus im Labor erzeugt wurden. Es gibt also einen gewissen sachlichen und zeitlichen Abstand zwischen der Tötungshandlung (Abtreibung) und der Impfstoffherstellung bzw. -testung. Das ist für die ethische Einschätzung wichtig.

Ferner ist es wichtig festzustellen, dass die Verwendung der Zelllinie einen Nutzen hat. Das ist unbestreitbar der Fall, vorausgesetzt, man ist *grundsätzlich* vom Nutzen einer Impfung überzeugt. Insoweit trüge die Zelllinie zur Nutzenmaximierung und zur Erhöhung des Glücks bei. Ihre Verwendung wäre utilitaristisch betrachtet allein schon deshalb moralisch vertretbar, mehr noch: geboten. Doch eine rein konsequentialistische Sicht auf ein ethisches Problem greift zu kurz. Es gilt zudem: Der Zweck heiligt nicht die Mittel, auch nicht über einen langen Zeitraum hinweg, auch nicht, wenn dieser ein guter ist – wie die Entwicklung eines Impfstoffs.

Aber: Der Zweck, den die Zelllinie jetzt erfüllt, war damals nicht Motiv der Tötungshandlung. Die Menschen, die die Abtreibung entschieden und durchgeführt haben, verbanden damit nicht die Absicht, eine Grundlage für künftige Forschungsarbeiten in der Impfstoffentwicklung zu schaffen. Insoweit die Intention unkritisch ist, lohnt es sich wiederum, auf die Folgen zu schauen. Sind diese gut, lässt sich das Problem auflösen: Es ist nicht amoralisch, von den guten Folgen zu profitieren, wenn das Böse, das hilft, sie zu ermöglichen, nicht in der Absicht begangen wurde, eben jene profitablen Folgen herbeizuführen.

Die Päpstliche Akademie für das Leben kommt dementsprechend bereits 2005 zu folgender prinzipiellen Einschätzung: Impfungen mit Stoffen, bei deren Herstellung das Gewebe abgetriebener Föten eine Rolle spielt, sind als „sehr entfernte mittelbar-materielle Mitwirkung am Bösen" moralisch dann

---

111 „Ärzte für das Leben" zum Thema „Impfstoffe und Abtreibung" (URL: https://aerzte-fuer-das-leben.de/fachinformationen/schwangerschaftsabbruch-abtreibung/impfstoffe-und-abtreibung/, abgerufen am 27.4.2021).

erlaubt, wenn 1. der sachliche und zeitliche Abstand zwischen der Tötungshandlung und der Impfstoffherstellung groß ist, 2. die Abtreibung nicht mit der Absicht vorgenommen wurde, die Impfstoffherstellung zu ermöglichen, 3. es keine Alternativen zu dem Impfstoff gibt und 4. eine Impfung von großem Nutzen ist.[112] Und all das ist bei den hierzulande angebotenen Corona-Impfstoffen bzw. der Corona-Impfung sicher der Fall.

So kommt auch der Vatikan zu einer positiven Haltung gegenüber der Corona-Impfung, deren Verfügbarkeit Papst Franziskus zu Weihnachten 2020 für alle Menschen eingefordert hat – gewissermaßen als Geschenk für die ganze Welt: „Heute, in dieser Zeit der Dunkelheit und Ungewissheit aufgrund der Pandemie, erscheinen einige Lichter der Hoffnung, wie die Entwicklung von Impfstoffen. Aber damit diese Lichter die ganze Welt erleuchten und Hoffnung bringen können, müssen sie für alle zugänglich sein. Wir können nicht zulassen, dass verschlossener Nationalismus uns daran hindert, als die wahre Menschheitsfamilie zu leben, die wir sind. Wir können auch nicht zulassen, dass das Virus des radikalen Individualismus uns überwältigt und uns gleichgültig gegenüber dem Leiden anderer Brüder und Schwestern macht. Ich kann mich nicht über andere stellen und die Gesetze des Marktes und der Patente über die Gesetze der Liebe und die Gesundheit der Menschheit stellen. Ich bitte alle – die Verantwortungsträger der Staaten, Unternehmen, internationale Organisationen – die Kooperation und nicht die Konkurrenz zu fördern und eine Lösung für alle zu suchen: Impfstoffe für alle, insbesondere für die Schwächsten und Bedürftigsten in allen Regionen der Erde. An erster Stelle: die Schwächsten und Bedürftigsten!"[113].

Fazit: Ich nehme das Lebensrecht Ungeborener sehr ernst,[114] doch auch vor dem Hintergrund strenger Kriterien scheint mir die Corona-Impfung grundsätzlich moralisch unbedenklich zu sein.

112 Eine deutsche Übersetzung der Stellungnahme („Moralische Überlegungen zu Impfstoffen, für deren Produktion Zellen von abgetriebenen Föten verwendet werden") ist bei der „Aktion Leben" erhältlich (Schriftenreihe der Aktion Leben e.V., Nr. 27, Abtsteinach/Odw. 2007; URL: https://web.archive.org/web/2020020802 4926/https://www.aktion-leben.de/fileadmin/dokumente/PDF-Archiv/H-027.pdf, abgerufen am 27.4.2021).

113 Papst Franziskus: Botschaft „Urbi et Orbi", 25.12.2020 (URL: http://www.vatican.va/content/francesco/de/messages/urbi/documents/papa-francesco_20201225_urbi-et-orbi-natale.html, abgerufen am 27.4.2021).

114 Vgl. J. Bordat: Würde, Freiheit, Selbstbestimmung. Konzepte der Lebensrechtsdebatte auf dem Prüfstand. Hamburg 2020.

2.4.2 Klimawandel. Zur Energieerzeugung mit Atomkraft

Die Atomenergie erlebt in Zeiten des Klimawandels eine Art „Revival". Einige EU-Staaten bezweifeln, dass sich das Ziel der Klimaneutralität bis 2050 ganz ohne Atomstrom realisieren lässt.[115] Bill Gates investiert mit seiner Firma *TerraPower* in Atomkraft.[116] Sogar eine unverdächtige Person aus dem Bereich des Umweltaktivismus' wie Patrick Moore,[117] Mitbegründer von *Greenpeace*,[118] meint, wir bräuchten Atomkraft für den Klimaschutz. In einem Interview mit der Wochenzeitung *Die Zeit* sagte er 2010: „Die Atomkraftwerke abschalten zu wollen, ist nicht nur unverantwortlich, wenn man sich die Energieversorgung anschaut. Auch was die Senkung der Kohlenstoffdioxidemissionen angeht, ist es falsch"[119]. Tatsächlich: Atomenergie ist aufgrund geringerer Emissionswerte klimafreundlich,[120] doch aufgrund des Risikos von Strahlungsaustritt zugleich hochgefährlich – auch 35 Jahre nach

---

115 Was sich der „Green Deal" vornimmt, in: Die Tagesschau.de, 11.12.2019 (URL: https://www.tagesschau.de/ausland/eu-klima-greendeal-101.html, abgerufen am 7.6.2021).

116 Kernkraft fürs Klima?, in: Süddeutsche Zeitung.de, 4.2.2019 (URL: https://www.sueddeutsche.de/wissen/kernenergie-klimawandel-atomkraft-gates-laufwellenreaktor-1.4312993, abgerufen am 7.6.2021); So zerstört Trump Bill Gates' Energie-Träume, in: Die Welt.de (URL: https://www.welt.de/wirtschaft/article186 512 858/So-zerstoert-Trump-Bill-Gates-Energie-Traeume.html, abgerufen am 7.6.2021).

117 Moore fällt jedoch in letzter Zeit vor allem durch eigentümliche Positionen auf, die einen Bruch mit der Umweltbewegung bedeuten, vgl. etwa Bizarrer Streit: Greenpeace-Gründer stellt Klimathese seiner Organisation infrage, in: Focus.de (URL: https://www.focus.de/wissen/klima/glaubenskrieg-kein-frieden-zwischen-greenpeace-und-mitbegruender-moore_id_7 999 082.html, abgerufen am 7.6.2021).

118 Dass Moore *Greenpeace* mitbegründet hat, bestreitet die Umweltorganisation: „Moore bezeichnet sich selbst häufig als Gründer oder Mitbegründer von Greenpeace. Viele Nachrichtenagenturen haben diese Darstellung übernommen und weiterverbreitet. Obwohl Moore mehrere Jahre eine bedeutende Rolle bei Greenpeace Kanada spielte, hat er Greenpeace nicht gegründet. Phil Cotes, Irving Stowe und Jim Bohlen haben Greenpeace im Jahr 1970 gegründet. Patrick Moore beantragte einen Platz auf der ‚Phyllis Cormack' im März 1971, nachdem die Organisation bereits seit einem Jahr existierte" (Der Atomlobbyist: Fünf Fakten zur Propaganda von Patrick Moore, in: Greenpeace.ch, 13.3.2014, URL: https://www.greenpeace.ch/de/story/11 495/der-atomlobbyist-fuenf-fakten-zur-propaganda-von-patrick-moore, abgerufen am 7.6.2021).

119 „Deutschland sollte weitere Atomkraftwerke bauen", in: Die Zeit.de, 22.9.2010 (URL: https://www.zeit.de/wissen/umwelt/2010-09/patrick-moore-atomkraft-interview, abgerufen am 7.6.202). Moors Positionierung blieb freilich nicht unwidersprochen (vgl. Der Atomlobbyist, in: Greenpeace.ch, a.a.O., abgerufen am 7.6.2021).

120 Wie sehr, ist umstritten. Manfred Fischedick vom Wuppertal Institut für Klima, Umwelt und Energie hält den Beitrag der Atomkraft zum Klimaschutz für überschaubar, vgl. Kernkraft fürs Klima?, in: Süddeutsche Zeitung.de, a.a.O., abgerufen am 7.6.2021.

dem Super-GAU von Tschernobyl kann man nur zu dieser Einschätzung kommen.

Zudem: Das Müll-Problem ist ungelöst. Bis 2010 hat die zivile Nutzung der Atomkraft weltweit insgesamt bereits 300.000 Tonnen radioaktiven Abfall verursacht.[121] Die Endlagerung des Atommülls ist nicht sicher, von „Entsorgung" kann also keine Rede sein. Der Abfall wird noch „die nächsten 100.000 Jahre über strahlen"[122] und niemand kann heute sagen, welche Folgen das haben wird. Es gibt derzeit noch überhaupt kein Endlager für den Atommüll, er gibt nur „Zwischenlager".

Ignorieren wir Risiko und Müllproblem für den Moment und schauen uns den „Hoffnungsträger" Atomkraft genauer an. Auch die Atomenergie ist auf Ressourcen angewiesen, auf Uran. Die Uranvorkommen sind endlich, sie reichen aber immerhin noch etwa 200 Jahre. Es gibt weltweit etwa 400 Reaktoren, die vier Prozent der benötigten Primärenergie erzeugen. Zu 80 Prozent wird die Erzeugung der global erforderlichen Primärenergie mit fossilen Brennstoffen (Kohle, Öl und Gas) bewältigt. Das würde bedeuten, man müsste das 20-fache an Kernkraftwerken bauen, um den Bedarf decken zu können. Das würde die Uranressourcen nach wenigen Jahrzehnten erschöpfen.

Allerdings wäre das nur der Fall, wenn die Reaktoren der Zukunft ebenfalls mit Uran 235 betrieben würden. Könnte man auf das sehr viel häufiger vorkommende Uran 238 umsteigen, wären die Ressourcen praktisch unbegrenzt. Ein neuer Reaktortyp leistet dies: der Laufwellenreaktor. Bei diesem wird jedoch flüssiges Natrium als Kühlstoff verwendet, das, durch menschliche Entscheidungen situativ gesteuert, in den Kühlkreislauf eingebracht wird – ein fehleranfälliges Verfahren mit einem hochgefährlichen Stoff (Natrium ist leicht brennbar und reagiert heftig, wenn es mit Wasser in Berührung kommt). Damit wären wir wieder beim Risiko.

Und der Müll? Der wird bleiben bzw. langfristig immer weiter zunehmen – bei ungelöstem Lagerproblem. Doch auch da gibt es eine technische Innovation, die möglicherweise Abhilfe schafft: der Flüssigsalzreaktor. Der soll nicht nur sicher sein und keinen Abfall mehr produzieren, sondern auch den alten schlucken.[123] Was sich wie ein mittleres Wunder anhört, könnte in der Phantasie der Entwickler verbleiben, denn es gibt für einige Konstruktions-

---

121 Vgl. den *Wikipedia*-Artikel „Radioaktiver Abfall" (URL: https://de.wikipedia.org/wiki/Radioaktiver_Abfall, abgerufen am 16.6.2021).
122 T. Alisch: Klimawandel. Klimaschutz. München 2008, 100.

anforderungen (etwa korrosionsresistente Materialien für Rohrleitungen) noch keine überzeugende Lösung.[124]

Laufwellen- und Flüssigsalzreaktoren existieren bisher nur auf dem Papier (oder in der Computersimulation). Gebaut wurde noch keines der neuen Kraftwerkstypen. Ob das ökologisch so sinnvoll wäre, ist sehr umstritten. Auch ökonomisch wäre ein Verbleib bei oder gar ein Ausbau der Atomkraft ein Irrweg: Wir haben hohe (und steigende) Kosten pro KWh (etwa 13 Cent)[125], während erneuerbare Energie niedrige (und sinkende) Kosten aufweisen (Windenergie: 4 bis 10 Cent, bei ungünstigen Standorten der Anlagen „bis zu 13,79 Cent"; Solarenergie: 3 bis 12 Cent)[126]; bezieht man externe Effekte (also: Umweltkosten) mit ein, sieht die Bilanz für Atomenergie noch schlechter aus.

Also: Kernkraft hat gravierende Schattenseiten. Kein Geringerer als Robert Spaemann gibt dazu die nötige ethische Orientierung. Seit Jahrzehnten wendet sich der Philosoph gegen die Nutzung der Kernenergie. Aus Gründen des Lebensschutzes.

Seine frühen Aufsätze zum Thema – *Technische Eingriffe in die Natur als Problem der politischen Ethik* (1979) und *Ethische Aspekte der Energiepolitik* (1980) entstehen in dem geistigen Ambiente wachsender Sensibilität für Fragen des Natur- und Umweltschutzes: 1979 erscheint Hans Jonas' *Prinzip Verantwortung*, im gleichen Jahr gründet sich in Deutschland eine neue Partei – *Die Grünen*. In dieser Zeit werden die Folgen der Endlichkeit fossiler Brennstoffe diskutiert, und das Atom schien eine günstige, saubere und praktisch endlos verfügbare Quelle für Licht und Wärme zu sein. Spaemann gehört von Beginn an zu den Bedenkenträgern – mit einer bestechend klaren Argumentation, die philosophische und theologische Ideen aufnimmt und überzeugend auf das Umweltproblem anwendet.

Spaemanns These lautet: „Wir haben nicht das Recht, über die Gefahren hinaus, die der Natur innewohnen – Erdbeben, Vulkanausbrüche, Wirbelstürme

123 Kann Atomkraft den Klimawandel stoppen?, in: Süddeutsche Zeitung.de, 30.11.2018 (URL: https://www.sueddeutsche.de/wissen/atomkraft-klimawandel-erderwaermung-energie-1.4233713, abgerufen am 7.6.2021).
124 Ebd.
125 Welche Art von Strom ist am günstigsten?, in: Quarks.de, 25.3.2019 (URL: https://www.quarks.de/technik/energie/welche-art-von-strom-ist-am-guenstigsten/, abgerufen am 7.6.2021).
126 Ebd.

usw. –, durch unsere Transformation von Materie zusätzliche Gefahrenquellen in unseren Planeten einzubauen"[127]. Was für die Atomenergie gilt, das gilt ohne jeden Zweifel aber gleichermaßen für Kohle, Öl und Gas: Auch hier findet eine „Transformation von Materie" statt, die geeignet ist, „zusätzliche Gefahrenquellen in unseren Planeten einzubauen". Das alleine kann es also nicht sein. Spaemann legt nach und begründet auf der Höhe des technik- und umweltethischen Diskurses, immer wieder auf Carl Friedrich von Weizsäcker rekurrierend, warum er die Kernenergie für prinzipiell lebensfeindlich hält: Ihr Funktionieren basiere auf Zerstörung, ihr wohne gleichsam der Tod bereits konstitutiv inne: „Es ist nicht von ungefähr, dass die erste Nutzung der Kernenergie ein Massenmord war, der Massenmord an den Bewohnern von Hiroshima und Nagasaki"[128]. Die Entfesselung der Kernenergie in der Atombombe sei der „Anfang des Unfriedlichen" dieser Energie überhaupt, so dass die Rede von der „friedlichen Nutzung" nur Augenwischerei bedeute, um an dieser Lebensfeindlichkeit vorbeisehen zu können.[129] Spaemann hält die Kernspaltung für ein Phänomen, dessen Kraft wir in erster Linie deswegen ungenutzt lassen sollten, weil wir sie nicht beherrschen. Auch wenn die Technologie das Risiko einer unkontrollierten Entfaltung von Atomenergie minimieren kann, wird es nie gleich Null. Und erst dann wäre eine Nutzung zu verantworten, denn man verwette nicht das Leben seiner Kinder, so Spaemann, auch dann nicht, wenn die Gewinnchance bei 99:1 läge.[130]

Ein wichtiges Anwendungsgebiet dieser Ideen im Kontext der Kernenergie ist der Diskurs um die „Zumutbarkeit der Nebenwirkungen"[131]. Dazu gehören die Risiken eines GAUs ebenso wie das (ungelöste) Problem der Lagerung des Atommülls. Hier argumentiert Spaemann mit dem moraltheoretischen Begriff *Zweck* (der eben die Mittel nicht heiligt) und dem handlungstheoretischen Begriff *Verantwortung* (die hier generationenübergreifend zum Tragen kommt). Er betont, dass jeder Mensch nur insoweit handeln kann, „als andere zuvor ihm nicht seinen Handlungsspielraum durch exzessive Ausdehnung des ihren genommen haben"[132] und wir, die wir heute leben, nicht das Recht haben, „unsere augenblicklichen Wertschätzungen, also das,

127 R. Spaemann: Nach uns die Kernschmelze. Hybris im atomaren Zeitalter. Stuttgart 2011, 39.
128 Spaemann: Nach uns die Kernschmelze, 8.
129 Spaemann: Nach uns die Kernschmelze, 10.
130 Spaemann: Nach uns die Kernschmelze, 8.
131 Spaemann: Nach uns die Kernschmelze, 14-27.
132 Spaemann: Nach uns die Kernschmelze, 25.

was uns wichtig erscheint, zum Maßstab dafür zu machen, was wir künftigen Generationen als natürliches Erbe hinterlassen"[133].

Für die Kernkraft bedeutet das: Billiger und CO_2-emissionsarmer Strom heute ist angesichts der Hypothek für die Zukunft (Stichwort: Atommüll) nicht gerechtfertigt. Wenn die Atomkraft eine „Brückentechnologie" sei, dann müsse man diese Brücke „so schnell wie möglich überqueren, und das auch unter einschneidenden Opfern an Geld und Wohlstand"[134]. Diese Bereitschaft zum materiellen „Opfer" (im Sinne von technologisch nicht vollständig kompensierbaren Einsparmaßnahmen, also: Verzicht) verlangt von uns freilich *jede* Form der (konventionellen) Energiewirtschaft – die eine mehr, die andere weniger.

Spaemann hat immer wieder dazu aufgerufen, die Reaktoren abzuschalten. Nicht wegen Tschernobyl, nicht wegen Fukushima, nicht aus ideologischen Gründen, nicht um Wähler zu gewinnen, sondern allein aus einem einzigen Grund, den er über 50 Jahre lang immer wieder vortrug: „Weil wir die Technologie nicht beherrschen"[135] – Punkt.

Fazit: Ich nehme das Problem des Klimawandels sehr ernst,[136] doch auch vor diesem Hintergrund scheint mir der Einsatz der Atomkraft zur Energiegewinnung grundsätzlich moralisch bedenklich zu sein.

2.5 Natur und Technik. Der Mensch im Mittelpunkt

Natur-Übel und Technik-Übel berühren sich zunehmend, die Ursächlichkeit verschwimmt in unserem System zu einer Gesamtbedrohung. *Malum physicum* oder *malum technologicum* – das lässt sich nicht mehr trennen, zu sehr ist die Natur vergesellschaftet, zu umfassend ist die technologische Verfügungsmacht des Menschen. Die entscheidende Klammer ist also das *malum morale*, das moralische Übel. Der Mensch ist schuld, der Mensch muss handeln. Der Mensch macht die Technik, so dass er, der Mensch, auch für die zum Einsatz kommenden technischen Systeme verantwortlich ist.

---

133 Spaemann: Nach uns die Kernschmelze, 33.
134 Spaemann: Nach uns die Kernschmelze, 8.
135 Spaemann: Nach uns die Kernschmelze, 101.
136 Vgl. J. Bordat: Kirche im Klimawandel. Eine Handreichung für Katholiken. Hamburg 2020.

Umso mehr gilt das, wenn sich zeigen lässt, dass unser Verhalten (also: unsere Bedürfnisse) die Ursache von Übel ist, weil und soweit wir Techniken verwenden, die negative Effekte auf die Welt haben. Das ist bei der Karbon-Wirtschaft der Fall: Die vom Menschen (also: seiner Technik) erzeugten Treibhausgase verursachen – nach wissenschaftlich vorherrschender Meinung –[137] den aktuell beobachtbaren Klimawandel, der insoweit anthropogen ist, menschengemacht. Verantwortung ist daher das zentrale Interpretament des aktuellen Katastrophendiskurses. Dazu gehört für den Christen die Rückbesinnung auf die schöpfungstheologische Herrschaftsverantwortung des Menschen, die zu Bewahrung der Schöpfung aufruft.

Damit wird keine grundlegend neue Deutungsrichtung eingeschlagen, sondern nur der menschliche Anteil aus den bisherigen Deutungsmustern Theodizee und Technodizee verstärkt, da der „Umweg" über Gott bzw. die Technik wegfällt und der Mensch unmittelbar zum „Verursacher" wird. Im Rahmen der Theodizee sorgt der sündige Mensch „nur" dafür, dass Gott die Natur strafend gegen ihn einsetzt, im Rahmen der Technodizee sorgt er mit seinen übermäßigen Bedürfnissen dafür, dass mit der Technik als „Lösung" für die Befriedigung derselben *potenzielles* Übel geschaffen wird, das die Natur gleichsam „zurückschlagen" lässt. Die Moral ist der neue Bezugspunkt – womit wir wieder beim Konnex von Schuld und Strafe wären, diesmal rein säkular.

Nun also steht er, der Mensch, selbst im Zentrum der Frage nach dem Ursprung nicht nur des Bösen (*malum morale*), sondern auch des Übels von Naturkatastrophen (*malum physicum*). Wir kommen damit zum dritten Zeitalter, dem als Deutungsmuster das Handeln des Menschen unterliegt, wir kommen zur *Anthropodizee*.

Zum ersten Mal verbindlich festgehalten wurde die Verantwortung des Menschen auf der Konferenz der Vereinten Nationen über Umwelt und Entwicklung in Rio de Janeiro (3. bis 14. Juni 1992). Sie war zwar nicht die erste größere internationale Konferenz, die Umweltfragen in einem globalen Rahmen diskutierte (das war die Konferenz der Vereinten Nationen über die Umwelt des Menschen in Stockholm 1972), doch ihre Verbindlichkeit ist durch die Nachfolgekonferenzen und insbesondere durch die beschlossenen Klimaschutzmaßnahmen weitaus größer. Die in Rio verabschiedete Klima-

---

137 Vgl. dazu J. Bordat: Kirche im Klimawandel. Eine Handreichung für Katholiken. Hamburg 2020, 92-117.

rahmenkonvention der Vereinten Nationen ist bahnbrechend. Es definiert den Klimaschutz als Verantwortlichkeit aller Unterzeichnerstaaten (197 sind das bis heute), legt fest, dass es jährlich Klimakonferenzen geben soll und bestimmt, das alle Vertragsstaaten regelmäßig Berichte, sogenannte Treibhausgasinventare, veröffentlichen müssen.

Da es nicht die Staaten sind, die das Treibhausgas in die Atmosphäre blasen, sondern ihre Völker, wird damit letztlich jeder Mensch in die Verantwortung genommen. Auch wenn der Staat, in dem er lebt, die Regeln vorgibt (und die institutionenethische Sicht in der globalen Frage des Klimaschutzes eine sehr wichtige ist, vgl. Kapitel 3.3.1) – auf das individuelle Verhalten des Menschen kommt es an, tagtäglich. Das ist vor rund dreißig Jahren in Rio deutlich geworden. Dahinter können wir nicht mehr zurück. Wir kommen damit zur *Anthropodizee*.

3. Warum, Mensch?! - Anthropodizee

Das Zeitalter des moralischen Deutungsmusters (ab 1992)

3.1 Freiheit und Verantwortung

Die Berufung auf den Glauben wird heute nicht mehr von allen als Deutungsmuster akzeptiert, auch der kritische Technikdiskurs greift heute nicht mehr weit genug aus. Die Antwort auf die Ausgangsfrage *Unde malum?* lässt sich nur noch im Regress auf den Menschen selbst beantworten. Die Suche nach einem Hebel für das Verstehen und Bewältigen komplexer Krisen wie insbesondere der, die durch den Klimawandel ausgelöst wurde, findet den Menschen, der Diskurs fokussiert folgerichtig die Moral – Stichwort: *Anthropodizee*.

Der Mensch muss dabei nicht mehr nur das von ihm mittels *malum morale* verursachte Leid minimieren (wir erinnern uns an Kants Appell in Richtung Friedrich, „das Elend des Krieges von denen abzuwenden, welchen von allen Seiten überdem schwere Unglücksfälle drohen"[138]), sondern er muss die Konsequenz aus der Erkenntnis ziehen, dass die Ebenen des *malum physicum* (des Leids als Folge von Naturkatastrophen) und des *malum morale* (der menschlichen Schuld als deren möglicher Ursache) unbedingt zusammengehören, weil und soweit es etwa der Klimawandel ist, der die Katastrophen auslöst, weil und soweit es zudem der Mensch ist, der den aktuellen, sich zur Krise entwickelnden Klimawandel wesentlich verursacht.[139] Dieser Zusammenhang ist Kerngedanke der Anthropodizee.

In der säkularisierten Gesellschaft gibt es kein *malum metaphysicum* mehr, das in Anschlag zu bringen wäre, es bleibt beim *malum morale* des Menschen als höchster Instanz in der Verursachungskette. Einerseits nutzen wir also in der gegenwärtigen Anthropodizee Kants ethischen Ansatz einer autonomen Moral, anderseits gehen wir mit diesem Ansatz hinter Kant zurück, weil wir *malum morale* und *malum physicum* im Sinne des Tun-Ergehen-Zusammenhangs mit einer vorkantischen Sünde-Strafe-Logik verbinden, die heute als „*Umwelt*sünde-Strafe-Logik" erscheint. Dazu später mehr (vgl. Kapitel 4.4).

---

138 Kant: Geschichte und Naturbeschreibung, 473.
139 Für alle Skeptikerinnen und Skeptiker, die Zweifel am anthropogenen Klimawandel hegen, habe ich die Evidenz der Annahme, der Mensch sei wesentliche Ursache der aktuell zu beobachtenden Veränderungen, an anderer Stelle dargelegt, vgl. J. Bordat: Kirche im Klimawandel. Eine Handreichung für Katholiken. Hamburg 2020, 92-117.

Ethisch gewendet wird aus Schuld *Verantwortung*. Für alle Daseinsvollzüge – Ernährung, Bekleidung, Wohnen, Reisen, Arbeiten – ist Verantwortung der Schlüsselbegriff einer Moralität, die auf die Klimakrise reagiert. Dabei stellt sich die Frage, welches das vernünftige Maß an Verantwortung für den Einzelnen bzw. die Gemeinschaft sein soll. Die Problematik, die dabei aufzulösen ist – abgesehen von ganz grundsätzlichen Bedenken angesichts einer an den Folgen orientierten Sicht auf das Handeln –[140], bezieht sich auf eine möglicherweise kontraproduktive Überforderung angesichts des generationenübergreifenden bzw. globalen, kurz: unüberschaubaren Zeit- und Raumhorizont, der in das handlungstheoretische Kalkül des Einzelnen bzw. der Gemeinschaft hier und jetzt einfließen muss. Die Anthropodizee braucht klare Kriterien, die heute wirken, indem sie helfen, die Weichen für morgen zu stellen.

Vorab muss noch eine Kleinigkeit geklärt werden: Die Möglichkeit, Verantwortung zu übernehmen, steht und fällt mit der Möglichkeit, sich frei für oder gegen bestimmte Handlungen zu entscheiden. Mit anderen Worten: Voraussetzung für Verantwortung ist *Freiheit*. Damit wird ein Begriff angesprochen, der in den letzten Jahren in der Philosophie eine wahre Renaissance erfahren hat, dergestalt, dass die Freiheit des menschlichen Willens bestritten wird. Der US-amerikanische Physiologe Benjamin Libet führte Anfang der 1980er Jahre Versuche durch, die darauf zielten, die zeitliche Abfolge von bewusster Handlungsentscheidung und motorischer Umsetzung der Entscheidung in einer Handlung zu messen. Das nach ihm benannte „Libet-Experiment"[141] löste eine kontroverse Diskussion über mögliche Schlussfolgerungen hinsichtlich der Freiheit des menschlichen Willens aus.

---

140 Vor allem Robert Spaemann hat die konsequentialistischen, insbesondere utilitaristischen Ethiken scharf kritisiert. Ihre Vertreter seien sich, so Spaemann, der Beweislast nicht bewusst, die sie mit ihren Entwürfen übernehmen, und auch nicht des Ausmaßes an Last, die sie dem Menschen aufbürden, wenn sie die universalteleologische Orientierung ihrer Konzepte, die in der theologischen Tradition immer als göttliche Prärogative gedacht ist, unmittelbar auf den handelnden Menschen übertragen, was beim Übergang zum verantwortlichen „Wir" der „Menschheit" vollends kontraproduktiv wirkt: „Das konsequentialistische Ethikverständnis, das sich selbst als verantwortungsethisch versteht, zerstört den Begriff der sittlichen Verantwortung durch Überdehnung. Die konkrete Verantwortung handelnder Menschen wird zu einer bloß instrumentellen Funktion im Rahmen einer stets fiktiv bleibenden Gesamtverantwortung" (R. Spaemann: Grenzen. Zur ethischen Dimension des Handelns. Stuttgart 2001, 223).

141 Vgl. für einen Überblick M. Linde / K. Ewert: Das Libet-Experiment, in: Planet-Wissen.de, 3.3.2021 (URL: https://www.planet-wissen.de/natur/forschung/hirnforschung/pwiedaslibetexperiment100.html, abgerufen am 7.6.2021).

Vor allem die kurze Zeitspanne zwischen Bereitschaftspotential und bewusster Entscheidung war vielen Kritikern nicht aussagekräftig genug. Eine Studie von Wissenschaftlern des Max-Planck-Instituts für Kognitions- und Neurowissenschaften in Leipzig, der Charité Berlin sowie des Bernstein Zentrums für Computational Neuroscience Berlin um John-Dylan Haynes hat Libets Befunde 2008 eindrucksvoll bestätigt.[142] Haynes et al. haben mit Hilfe der funktionellen Magnetresonanztomographie (fMRT) Veränderungen im Gehirn untersucht, die einer bewussten Entscheidung vorgelagert sind. Sie fanden dabei heraus, dass bereits etliche Sekunden vor einer Entscheidung, die wir bewusst treffen, erste Anzeichen unserer Absicht aus dem Gehirn herausgelesen werden können (anhand der Bilder, die die fMRT erzeugt) – bis zu sieben Sekunden vorher. Das räumt die Zweifel an Libets Ergebnis in beeindruckender Weise aus, das bereits ehedem zu der sehr weitreichenden Annahme (ver)führte, es gebe keinen freien Willen. Doch stimmt das – nun erst recht? Zwei Einwände dagegen: Komplexität und Konsequenz.

Komplexität. Um die Zeitspanne zwischen Neuronenfeuer und objektivierbarer Entscheidung (Knopfdruck) geht es nicht, wenn wir von der Vorbereitung unserer Handlungen sprechen. Bereits das Versuchsdesign des „Libet-Experiments", aber auch der Studie von Haynes et al. läuft am philosophischen Handlungsbegriff vorbei. In der Freiheitsdiskussion werden menschliche Handlungen als wesentlich komplexer erachtet – Handeln ist mehr als „Knöpfchen drücken". Damit sagt das Ergebnis im philosophischen Sinne nichts über Willensfreiheit aus. Denn schon seit Platon und Aristoteles wissen wir, dass der Wille nicht in dem Sinne frei ist, dass er keinerlei Mandat unseres Denkens unterstünde. Wir können nur wollen, was unser Verstand (materialistisch: unser Gehirn) als vernünftig auszeichnet. Unsinn zu wollen, ist kein Ausdruck von Freiheit. Ein selbst vom Denken unabhängiger freier Wille ist damit undenkbar.

Konsequenz. Wie bei Libet geht es auch bei Haynes um isolierte, zudem grund- und folgenlose Entscheidungen. Im Leben sind (wichtige) Entscheidungen, die zu (komplexen) Handlungen führen, aber nie folgenlos und zudem immer eingebettet in einen Daseinskontext, dessen Phänomene kausal verbunden sind. Die Entscheidung, diesen Text zu schreiben, hat nicht nur

---

142 Vgl. dazu die Pressemitteilung der Max-Planck-Gesellschaft: Unbewusste Entscheidungen im Gehirn. Ein Team von Wissenschaftlern entschlüsselt den neuronalen Prozess der Entscheidungsfindung, 13.4.2008 (URL: https://www.mpg.de/562931/pressemitteilung20 080409, abgerufen am 7.6.2021).

etwas mit neuronalen Vorprägungen wenige Sekunden vor dem Griff in die Tastatur zu tun, sondern mit meinem Dasein als Autor, damit, dass ich meine, so leben zu sollen, wie ich es tue, weil das meinem Wesen, meiner Persönlichkeit am ehesten entspricht. Vielleicht auch, da ich in einer bestimmten Weise gezwungen bin, Texte zu schreiben, weil ich nichts anderes kann, aber diese (vielleicht: tragische) Disposition ist eben keine Vorentscheidung, die meine Neuronen situativ treffen, sondern eine, die mir mein Ich (um bei dem Begriff zu bleiben, der am besten passt, auch, wenn es nur darum geht, die Summe aller Prägungen zu bezeichnen) aufgibt und mit der ich nun mal leben muss. Diese Prägung aktiv anzunehmen, widerspricht nicht meiner Freiheit, sondern ist gerade ihr höchster Ausdruck. Unfrei würde ich nur, wenn daraus eine Art Sucht entstünde – oder, wenn ich die Prägung bewusst negierte, nur um zu zeigen, dass ich frei bin. Das wäre – ironischerweise – ein Zeichen von Unfreiheit, eine Art Trotz-Zwang, eine pauschale Zweck-Opposition, wie sie sich heute auf einer kollektiven Ebene manchmal zeigt, oft paradoxerweise in Verbindung mit dem Anspruch, Freiheit(en) zu verteidigen.

Das bedeutet, die Willensfreiheit ist durch Erkenntnisse über die Arbeitsweise unseres Gehirns nicht vom Tisch. Was (längst) passé ist, das ist die Vorstellung eines von jeder Körperlichkeit und Materialität erhabenen Willens in absoluter Ausprägung. Ein solcher kommt dem Menschen nicht zu (im Christentum ist dieser Wille allein Gott vorbehalten). Das wussten wir schon lange zuvor, ebenso wie wir schon um die innerpersönliche Begrenzung unserer Willensfreiheit durch Rationalität wussten. Die Neurowissenschaften können uns aber zeigen, dass es wirkmächtige Vorprägungen gibt, die uns nicht bewusst sind und die auf neuronaler Ebene unser Verhalten steuern, dass es also umso wichtiger ist, sich bei großen Entscheidungen Zeit zu nehmen, sich dieser Vorprägungen und möglichst vieler ihrer Einflüsse (Glaube, Kultur, Erziehung, moralische Vorstellungen) bewusst zu werden und dem verborgenen Unbewussten gezielt auf die Schliche zu kommen. Dieser Vorgang der Bewusstwerdung lässt sich einüben, durch Bewusstseinsbildung, intellektuell, aber auch emotional, meditativ und – in Gestalt der Gewissensbildung – moralisch. Je mehr Zeit und Energie wir auf diesen Bildungsprozess verwenden, desto seltener werden wir nach unbedachten, voreiligen Entscheidungen mit dramatischen (oder auch nur peinlichen) Folgen denken müssen: „Wie konnte ich nur?!"

Also: Der Mensch bleibt verantwortlich und trägt insoweit Schuld, wenn er sich nicht die Mühe macht, vor einer komplexen Handlungsentscheidung nachzudenken, 1. woher der Handlungsimpuls kommt (und wie dieser Impuls zu bewerten ist), 2. was die Handlung beinhaltet und 3. welche Folgen sie hat.

3.2 Verantwortung als moralisches Konzept

Verantwortung ist seit jeher ein zentraler Begriff des Nachdenkens über Moralität. Er hat einen retrospektiven Charakter (in diesem Sinne entspräche er der Rechtfertigung), kann aber darüber hinaus auch in prospektiver Hinsicht Bedeutung entwickeln. Insoweit steht er dem Pflichtbegriff nahe,[143] rückt aber – mehr als dieser – „das Problem der Zurechnung von Verpflichtungen an Handlungssubjekte ins Zentrum der Betrachtung"[144].

Dieser Blickwinkel der „moralischen Urheberschaft"[145] ist für eine Ethik in Zeiten des Klimawandels mit der ihr eigenen Zukunftsorientierung und der ungeklärten Zuschreibung konkreter Verantwortlichkeiten maßgebend. Die Klimakrise sorgt dafür, dass „Begriffe wie ‚Menschheit', ‚Kosmos', ‚Natur', ‚Geschichte' beginnen, so etwas wie ein sittliches Verhältnis zu bezeichnen, aus dem sittliche Verantwortlichkeiten folgen"[146] und in der weiterhin „das veränderte Wesen menschlichen Handelns"[147] in modernen, technisierten Gesellschaften eine Vergrößerung des Verantwortungsbereichs mit sich bringt, was die Zuschreibungsproblematik weiter verschärft und die Skepsis gegenüber der Verantwortungsethik nährt. Tatsächlich wird in der gegenwärtigen Verantwortungsethik die Verantwortungsinstanz mit dem Verantwortungsgegenstand unverbrüchlich verschränkt, sei dieser Gegenstand die „Geschichte"[148] oder die „Natur"[149]. Damit wird menschliche Verantwortung

---

143 P. Baran: Verantwortung, in: H. J. Sandkühler (Hg.): Europäische Enzyklopädie zu Philosophie und Wissenschaften. Hamburg 1990, 690-694. Damit entleiht die Verantwortungsethik der Gesinnungsethik eine deontologische Begründungsfigur.

144 M. H. Werner: Verantwortung, in: M. Düwell, C. Hübenthal, M. H. Werner (Hg.): Handbuch Ethik. Stuttgart 2006, 541-548, hier: 544.

145 O. Höffe: Lebenskunst und Moral. Oder macht Tugend glücklich? München 2007, 253.

146 Spaemann: Grenzen, 229.

147 H. Jonas: Das Prinzip Verantwortung. Versuch einer Ethik für die technologische Zivilisation. Frankfurt a.M. 1984, 13.

148 G. Picht: Der Begriff der Verantwortung, in: Ders. (Hg.): Wahrheit, Vernunft, Verantwortung. Philosophische Studien. Stuttgart 1969, 318-342, hier: 325.

149 H. Jonas: Philosophische Untersuchungen und metaphysische Vermutungen. Frankfurt a.M. 1992, 131.

zur „Verantwortung für die menschliche Existenz überhaupt"[150], soweit sich der Mensch eben als „historisch" und / oder „natürlich" begreift. Die Folgen dieser Perspektive auf Verantwortung sind gravierend und können zur Überdehnung des Konzepts führen.

Ferner zeigt sich aber in der Bindung von Verantwortung an die Pflicht und das Handlungssubjekt auch eine grundsätzliche Konsumerabilität der Verantwortungsethik mit der christlichen Gebotsethik. Christliche Verantwortung ist konkrete Sorge um den Nächsten aufgrund dessen Würde als Geschöpf Gottes, die sich unbedingt aus dem (Mit)Mensch-Sein ergibt. Robert Spaemann weist die biblischen Wurzeln des Verantwortungsbegriffs in der Genesis auf: Als Gott den Kain nach dem Mord an seinem Bruder Abel zur Rechenschaft zieht (die „erste Stelle der Heiligen Schrift, wo überhaupt des Sittliche thematisiert wird"[151]), indem Gott ihm nicht das Verbrechen vorhält, sondern ihn schlicht fragt: „Wo ist dein Bruder Abel?" (Gen 4, 9), weist dieser nicht die Tat von sich, sondern er versucht die Frage zu delegitimieren, indem er ganz allgemein die Verantwortung für seinen Bruder mit einer Gegenfrage zurückweist: „Bin ich der Hüter meines Bruders?" (Gen 4, 9). Die sorglose Gleichgültigkeit des Kain, die aus diesen Worten spricht, legt im negativen Modus die Essenz der Verantwortung frei, denn genau dies ist ihr Kern: Sorge zu tragen und diese Sorge zur Pflicht zu erheben. Verantwortung heißt, „Hüter meines Bruders" zu sein. Das Wort vom „Hüter meines Bruders" begründet einen biblisch-christlichen Verantwortungsbegriff, der in liebender Sorge seinen Kern hat und damit auf die Tugend der Liebe und das Dreifachgebot verweist: Gottes-, Nächsten- und Selbstliebe. Verantwortung heißt demnach in der Tat, „Hüter meines Bruders" (oder meiner Schwester) zu sein – ganz konkret.

Die Frage, die sich uns stellt, lautet: Wer ist unser „Bruder", wer ist unsere „Schwester"? Antwort: Jeder Mensch, ungeboren, geboren oder noch nicht geboren. Und: Woraus stiftet sich diese verantwortungsbegründende „Verwandtschaftsbeziehung"? Antwort: Aus der Tatsache, dass wir alle der Gattung „Mensch" angehören (werden), und aus der Menschenwürde, die wiederum aus der Geschöpflichkeit und Gottebenbildlichkeit resultiert.[152] Dazu sei schließlich an den „Imperativ des Gattungslebens" erinnert, den Hans

150 Werner: Verantwortung, 545.
151 Spaemann: Grenzen, 216.
152 Die judeo-christlichen Wurzeln des Menschenwürdebegriffs habe ich an anderer Stelle freigelegt; vgl. J. Bordat: Ewiges im Provisorium. Das Grundgesetz im Lichte des christlichen Glaubens. Rückersdorf 2019, 88-91.

Jonas formulierte: „Handle so, daß die Wirkungen deiner Handlung verträglich sind mit der Permanenz echten menschlichen Lebens auf Erden"[153]. Das bezieht kommende Generationen ein, ohne die jetzt lebende Generation zu vernachlässigen.[154]

Wir müssen noch etwas genauer hinschauen, um zu wissen, wer konkret wofür verantwortlich ist.

3.3 Wer trägt wofür Verantwortung?

3.3.1 Wer – Individuum und Institution

Mit Blick auf Krisen wie den Klimawandel ist zunächst zu fragen: Wer trägt Verantwortung? Antwort eins: jeder. Antwort zwei: alle. Das ist ein Unterschied, denn bei Antwort eins geht es um den einzelnen Menschen und bei Antwort zwei geht es um die Gemeinschaft der Menschen. Damit ist die Differenz von Individual- und Institutionenethik angesprochen. Es ist offensichtlich: Klassische individualistische Ethik-Konzeptionen reichen nicht mehr aus. Globale Ethik ist heute immer Institutionenethik, wie etwa die vielbeachteten Arbeiten Thomas Pogges andeuten, insbesondere *Global Justice* (2001) und *World Poverty and Human Rights* (2002). Pogge plädiert für eine gerechte Weltordnung, die im Rahmen einer globalen institutionellen Reform erreicht werden soll, denn die vorhandene Ungerechtigkeit könne, so Pogge, auf institutionelle Faktoren zurückgeführt werden, sowohl auf die nationalen institutionellen Strukturen vieler Entwicklungsländer, für die primär deren politische und ökonomische Eliten die Verantwortung tragen, als auch auf globale institutionelle Strukturen, für die in erster Linie die Regierungen und Bürger der wohlhabenden Staaten verantwortlich sind.[155]

153 Jonas: Das Prinzip Verantwortung, 36.
154 Vor einer solchen Vernachlässigung der jetzt Lebenden gegenüber den künftig Lebenden warnte Karl Popper: „Erlaube deinen Träumen von einer schönen Welt nicht, dich von den wirklichen Nöten der Menschen abzulenken, die heute in unserer Mitte leiden. Unsere Mitmenschen haben Anspruch auf unsere Hilfe; keine Generation darf zugunsten zukünftiger Generationen geopfert werden, zugunsten eines Glücksideals, das vielleicht nie erreicht wird" (K.R. Popper: Utopie und Gewalt, in: Ders.: Vermutungen und Widerlegungen. Das Wachstum der wissenschaftlichen Erkenntnis, Bd. 2. Tübingen 1997, 524).
155 Vgl. T. Pogge: Anerkannt und doch verletzt durch internationales Recht: Die Menschenrechte der Armen, in: B. Bleisch / P. Schaber (Hg.): Weltarmut und Ethik. Paderborn 2007, 95-138.

Verantwortungszuteilung geschieht dabei als „soziale Organisation moralischer Mitverantwortung"[156], insbesondere als deren effiziente Distribution in einer pluralistischen Gesellschaft.[157] Dass, was Christoph Hubig für die Technik- und Wissenschaftsethik ausführt, gilt für alle Ethiken, die der Sache nach globale Wirkungsbereiche des Menschen betreffen, es gilt insbesondere für die Umweltethik und entsprechend auch für eine Klimaethik: „Die Schwierigkeiten der bisherigen Ansätze zu einer Ethik von Wissenschaft und Technik scheinen darin begründet, daß man versuchte, sie auf der Basis des Konzepts individuellen Handelns zu entwickeln. Ein alternatives Konzept für eine Ethik der Technik ist daher erforderlich. Ich möchte es in die These kleiden, daß die Normierung und Regulation von Folgen und Nebenfolgen insbesondere der modernen verwissenschaftlichten Technologien im Bereich der Verantwortung von Institutionen und Organisationen, also kollektiven Subjekten liegen müsse"[158]. Diesen Ansatz verfolgt die Institutionenethik konsequent weiter.

Die Zuschreibung von konkreter Verantwortung in komplexen Systemen ist sicherlich eine der schwierigsten Aufgaben der Moral und des Rechts. Im Kontext aktueller Herausforderungen (ich denke dabei nicht nur, aber vor allem an globale Verantwortungsfragen im Zuge des Klimawandels), müssen wir die Menschheit als „Kooperationsgemeinschaft" begreifen und im Grunde jede individuelle Handlungspraxis im Rahmen dieser Kooperation auf unerwünschte Effekte im Hinblick auf das große Mitigationsziel prüfen. Hier zeigen sich rasch die Schwierigkeiten und auch die Grenzen des Begriffs: die Unabschätzbarkeit der Folgen, zumal, wenn sie sich auf eine (ferne) Zukunft beziehen. Das ist weniger ein epistemisches Problem (die Modelle sind hinreichend genau), das ist vielmehr ein ethisches Problem (die Motivation leidet, wenn Folgen zu weit weg liegen).

Eine mögliche Lösung dazu bietet Julian Nida-Rümelin. Mit dem Verweis auf objektivierbare Gründe als Gradmesser der Verantwortung löst sich Nida-Rümelin von einer expliziten „Folgenverantwortung" und umgeht damit das Abschätzungsproblem des Konsequentialismus'. Seine Position, die er selbst als „gemäßigten ethischen Objektivismus" bezeichnet, nicht ohne eilends zu bemerken, dass er dabei „ohne metaphysischen Werte-Realismus" auszu-

156 Werner: Verantwortung, 544.
157 Vgl. K.-O. Apel: Primordiale Mitverantwortung, in: K.-O. Apel , H. Burckhart (Hg.): Prinzip Mitverantwortung. Grundlage für Ethik und Pädagogik. Würzburg 2001, 97-122.
158 C. Hubig: Technik- und Wissenschaftsethik. Ein Leitfaden. Berlin 1995, 72.

kommen gedenkt,[159] eignet sich insoweit als Vermittlung zwischen streng de-ontologischen Ethiken und dem Utilitarismus in seinen diversen Ausprägungsformen. Das ist der besondere Wert des Ansatzes von Nida-Rümelin: die Aporien von Prinzip und Präferenz zu umgehen, und in der menschlichen Fähigkeit, sich von Gründen leiten zu lassen, selbst den Grund der sinnvollen Rede von „Verantwortung" zu erkennen.[160] Der Grund der Verantwortungsübernahme liegt demnach nicht nur in den künftigen Folgen, die es mit Blick auf den Klimaschutz herbeizuführen oder eingedenk der drohenden Klimakatastrophe zu verhindern gilt, sondern auch in der aktuellen Einsicht, dass sich diese Folgen nur erreichen bzw. abwenden lassen, wenn wir hier und heute tätig werden. Mit anderen Worten: Die Verantwortung findet ihren Grund in der *Vernunft*.

Selbst die besten Institutionen kommen ohne individuelle Mitwirkungsbereitschaft nicht aus. Zwei Probleme der Institution als Trägerin von Verantwortungsethos sollen zudem nicht verschwiegen werden. Erstens: der Hang zur selbstreferentiellen Bürokratisierung, durch die u. U. der Zweck der Institution konterkariert wird, und zweitens: die Vortäuschung von problemlösender Ordnung, wo aber leider keine ist, was tragischerweise beim Individuum zu einem Gefühl der Entpflichtung führt („Dafür gibt es ja Institution X!", „Darum kümmert sich bei uns Organisation Y!", „Wofür haben wir denn Einrichtung Z?!"). Es bleibt dabei: Auch der Einzelne trägt Verantwortung und kann diese letztlich nicht (vollständig) delegieren.

Daraus folgt für das „Wer?" des verantwortungsethischen Ansatzes: Wir brauchen schlanke, transparente und wirkungsvolle Institutionen. Das Individuum muss verantwortungsethisch angesprochen werden, über den Umweg der Institution, die das Wissen und den Überblick hat, um zielgerichtete Vorgaben zu machen, die der Einzelne konkret umsetzen kann. Das Individuum muss immer und überall mit dem Thema Klimawandel konfrontiert werden, denn letztlich entscheidet der einzelne Mensch als Konsument, Wähler und mündiger Staatsbürger darüber, wie produziert, geforscht und entwickelt wird. Letztlich läuft das Zusammenspiel von Institution und Indi-

---

159 Ohnehin scheint eine gewisse Aufgeregtheit in der zeitgenössischen Ethik zu herrschen, sobald metaphysische oder gar religiöse Annahmen eine Rolle spielen. Das Distanzieren und Relativieren gehört dann zum guten akademischen Ton – auch und sogar für Theologen.

160 J. Nida-Rümelin: Verantwortung. Stuttgart 2011.

viduum auf das zwar abgedroschene, aber dennoch treffende „Global denken, lokal handeln" hinaus.[161]

3.3.2 Wofür – Stufen der Verantwortung

Weiter ist zu fragen: *Wofür* sind die Verantwortungsträger – Institutionen und Individuen – verantwortlich? Hier ist an eine Abstufung von Verantwortung zu denken. Micha Werner nennt drei mögliche Stufen: Es werde „vielfach angenommen, dass Akteure a) für intendierte Handlungsergebnisse stärker verantwortlich sind als für nicht-intendierte, aber vorausgesehene und ,in Kauf genommene' Handlungsfolgen; b) für vorausgesehene Handlungsfolgen stärker als für nicht-vorausgesehene, die aber voraussehbar gewesen wären; c) für Folgen eines aktiven Tuns stärker als für die Folgen von Unterlassungen"[162].

Diese Abstufung ist, so wirksam sie in der Praxis unseres Rechtssystems wurde, nicht unumstritten geblieben.[163] Wir sind damit nämlich wieder auf die Schwierigkeit zurückgeworfen, dass der Einzelne das Risiko seines Handelns grundsätzlich gar nicht kennen kann, wenn die Folgen seines Handelns gegenüber dem Handlungsakt selbst nur mit erheblicher zeitlicher Verzögerung und räumlicher Verschiebung eintreten, was ja beim Klimawandel der Fall ist: „Der ,Verlust des verantwortlichen Subjekts' und der ,Verlust des Gegenstands der Verantwortung' werden daher die zentralen Herausforderungen ausmachen, auf deren Basis die klassischen Individualethiken zu modifizieren sind"[164].

Deutlich gesagt: Der „Gegenstand der Verantwortung" – das sind die Folgen des Handelns und damit schließlich das Handeln selbst. Die Verantwortung für mein Handeln bzw. die Folgen meines Handelns (im Sinne der klassischen Individualethiken) lässt sich bezogen auf den Klimawandel nun aber nicht mehr genau benennen, obgleich die Folgen *voraussehbar* sind, wenn man denn die These des *anthropogenen* Klimawandels teilt. Doch was bedeutet das nun für mein Handeln? Es bedeutet, dass ich ein klares Kriterium

161 S. Rahmstorf / H. J. Schellnhuber: Der Klimawandel. Diagnose, Prognose, Therapie. München 2006, 109.
162 Werner: Verantwortung, 546.
163 Vgl. A. Duff: Responsibility, in: Routledge Encyclopedia of Philosophy, Bd. 8. London 1998, 290-294.
164 Hubig: Technik- und Wissenschaftsethik, 23.

brauche, das mir hier und jetzt sagt, was ich – eingedenk der Klima-Folgen – tun bzw. was ich besser unterlassen sollte. Ein solches Kriterium könnte der persönliche CO_2-Fußabdruck sein, ein Richtwert, der aussagt, welchen Anteil ein Mensch mit seinem Verhalten am CO_2-Ausstoß hat. Dabei wird unterstellt, dass die CO_2-Emissionen das Klima wesentlich (mit)bestimmen und daher für den Klimawandel größte Relevanz haben.[165]

Dabei ergibt sich nun ein grundsätzliches Problem, das an einem Beispiel verdeutlicht sei. Wenn ich in der U-Bahn unachtsam bin und jemandem auf den Fuß trete, bin ich *sofort* mit den Folgen konfrontiert; in Berlin können diese durchaus heftig sein. Wenn ich hinsichtlich meines CO_2-Fußabdrucks unachtsam bin, passiert erst mal gar nichts, das auf mich unangenehm zurückwirkt. Ich werde also – platt gesagt – im Rahmen meines Verhaltens eher darauf achten, niemandem auf den Fuß zu treten als klimaneutral produzierte Schuhe zu tragen. Diese Vermutung stimmt allerdings nur dann, wenn ich im zweiten Fall *tatsächlich* keine Folgen spüre. Gegen unübersichtliche und kaum zuschreibbare Folgen gibt es zwei Maßnahmen einer „Abdiskontierung", also einer Aktualisierung der räumlich-zeitlichen „Fernfolgen" von hier und jetzt zu vollziehenden Handlungen.

Zum einen muss die Bewusstmachung zukünftiger Folgen durch die repräsentative Erinnerungsfunktion unmittelbarer Folgen („Bestrafung" durch Verteuerung, aber auch soziale Ächtung als „Diskontrate") angestrebt werden. Das Künftige wird so vermittels Diskontierung in der Gegenwart spürbar und wirkt damit ähnlich handlungsleitend wie die Handlungsfolge selbst wirken würde, wenn wir sie direkt erlebten. Es darf zwar kein übertriebenes „moral harassment" durch einen „Öko-Moralismus" geben, der Menschen nicht nur „bestraft" und „beschämt", sondern schlicht überfordert und damit im Ergebnis handlungsunfähig macht, doch es muss die Erinnerung an die Folgen durch Aktualisierung arrangiert und allzu menschlichen Verdrängungsstrategien durch die Unmittelbarkeit regulierender Eingriffe hier und jetzt entgegengewirkt werden.

---

165 Erläuterungen dazu finden Sie in meinen Klima-Buch, vgl. J. Bordat: Kirche im Klimawandel. Eine Handreichung für Katholiken. Hamburg 2020, 76-84. – In letzter Zeit kommt verstärkt der Einfluss des Treibhausgases Methan (CH4) in den Blick, das durch abtauende Permafrostböden und die Viehhaltung in die Atmosphäre gelangen. CH4 hat ein um den Faktor 28 bis 33 höheres Treibhauspotenzial als CO2, bezogen auf die gleiche Gewichtsmenge. Eine Gigatonne CH4 lässt sich also umrechnen in 28 Gigatonnen CO2, was die Treibhausgasbilanz insgesamt verschärft; Die CH4-Emission trägt derzeit zu etwa 20 Prozent zum anthropogenen Anteil am Klimawandel bei, Tendenz steigend.

Zum anderen muss dem abstrakten Gegenstand über Konkretion ein Gesicht gegeben werden. Das ist nichts Neues,[166] aber es muss weiter verstärkt und auf neue Bereiche ausgeweitet werden. Konkretisierung könnte über Patenschaften laufen, wo man sich als Stadtteil bereit erklärt, in Verantwortung für einen Stadtteil in Amsterdam oder New York oder einen anderen vom „Klimawandelhochwasser" bedrohten Küstenort Klimaschutzmaßnahmen zu ergreifen. Wir wissen aus anderen Zusammenhängen, dass das Patenschaftsmodell erfolgreich ist.[167] Anonymität senkt die Bereitschaft zur Verantwortungsübernahme, Personalisierung hebt sie.

Ferner ist es sehr wichtig zu beschreiben, wie dem *Imperativ des Gattungslebens* nach Hans Jonas konkret Rechnung getragen werden kann. Angesichts des Problems der komplexen Entscheidungssituation muss ein einfaches Prinzip eingeführt werden, dass jeder Mensch nicht nur als für sein Handeln bestimmend akzeptieren, sondern welches er im Hinblick auf den Grad der Zielerreichung auch mit einfachen Mitteln bestimmen können sollte. Diese Operationalisierung läuft bei der Klimaethik vernünftigerweise über den CO_2-Ausstoß als Referenz für Klimaschädigung resp. Klimaschutz. Handlungen sind unter dieser Bedingung genau dann „verträglich mit der Permanenz echten menschlichen Lebens auf Erden"[168], wenn sie unter geringst möglichen (idealerweise gar keinen) CO_2-Emissionen stattfinden. Diese wiederum lassen sich für Handlungen unterschiedlichster Art quantifizieren, können ohne großen Aufwand in Erfahrung gebracht werden[169] und die-

---

166 Man denke an die „armen Kinder in Indien", die einem regelmäßig vorgehalten wurden, wenn man mit der Zusammenstellung des Mittagessens nicht zufrieden war. Dass die Frage, ob ich mein Essen dankbar oder widerwillig zu mir nehme, mit Hungersnöten in Indien reichlich wenig zu tun hat, ist ebenso wahr wie die Tatsache, dass die Bewusstmachung meiner begünstigten Lage zum Respekt nötigt und die Not derer sensibilisiert, die sich in einer weitaus schlechteren Lage befinden.

167 Kinderpatenschaften, bei denen die Spenden einem konkreten Kind mit Namen und Gesicht zur Hilfe kommen, erfreuen sich in den Geberregionen seit Jahrzehnten wachsender Beliebtheit. Sie belegen, dass es bei der Bereitschaft zur Hilfeleistung, der Empathie zugrunde liegt, um den Aufbau einer Beziehung geht, genauer: um den Augenkontakt. Experimente im Rahmen der Hirnforschung und neurowissenschaftliche Befunde zu den so genannten Spiegelneuronen belegen die Bedeutung des Blicks in die Augen des Leidenden als Kontaktaufnahme zur Ausprägung von handlungsrelevantem Mitgefühl (vgl. dazu J. Bauer: Warum ich fühle, was du fühlst. Intuitive Kommunikation und das Geheimnis der Spiegelneurone. Hamburg 2005).

168 Jonas: Das Prinzip Verantwortung, 36.

169 Wer seinen persönlichen CO_2-Fußabdruck bemessen will, kann dies mit einem der im Internet angebotenen CO_2-Rechner tun, etwa mit dem des Umweltbundesamts (URL: https://uba.co2-rechner.de/de_DE/, abgerufen am 19.6.2021).

nen so mit Blick auf die Zielgröße als nachvollziehbare Entscheidungsgrund-
lage – für Individuen und Institutionen.

3.4 Verantwortungsethik nach Hans Jonas

Man kann bei der theoretischen Ausgestaltung der Verantwortungsethik sowohl für Individuen als auch für Institutionen zurückgreifen auf Hans Jonas'
epochales Werk *Das Prinzip Verantwortung. Versuch einer Ethik für die
technologische Zivilisation* (1979), mit dem er zum Wortführer der öko-
sozialen Technikskeptiker wurde und bei Technikoptimisten in den Verdacht
geriet, apokalyptische Drohungen aus dem Geist eines gnostischen Welt-
bildes auszusprechen, die mit der Realität nichts zu tun haben. Günther
Schiwy schreibt dazu: „Man hat Jonas verdächtigt, er, der 1928 bei Heidegger
und Bultmann über den Begriff der Gnosis promovierte, stehe weiterhin im
Bann der Gnosis mit ihren im 2. Jahrhundert grassierenden spekulativen
Mythen über den Sündenfall (Gottes) und die allmähliche Erlösung durch
den göttlichen Geist"[170]. Im Rahmen seiner Ehrenpromotion durch die Freie
Universität Berlin am 12. Juni 1992 – es lief gerade die Rio-Konferenz – hat
Jonas deutlich gemacht, dass er diesen Verdacht für unbegründet hält, auch
wenn er Sympathien für analog zur Gnosis liegende Weltdeutungen hege.
Diese seien aber eher „quasignostisch"[171]. Wie dem auch sei: Jonas kam von
der Gnosisforschung zur Technikphilosophie und entwickelte darin ein beachtlichen Konzept: das *Prinzip Verantwortung.*[172] Seine Haltung zum Ver-
antwortungsbegriff, bei dem es auf die „Hütung des Ebenbildes" ankomme,
auf die „Ehrfurcht für das, was der Mensch war und ist, indem sie uns ein
,Heiliges', das heißt unter keinen Umständen zu Verletzendes enthüllt"[173],
passt durchaus zu einer christlichen motivierten Klimaethik. Jonas definiert
„Verantwortung" als verpflichtende „Sorge um ein anderes Sein, die bei der
Bedrohung seiner Verletzlichkeit zur ,Besorgnis' wird"[174]. Das entspricht der
Vorstellung von Geschwisterlichkeit, wie sie sich aus der Genesis ableiten
lässt. Verantwortung als Fürsorgeakt ist nach Jonas zudem unmittelbar nur
„von Menschen für Menschen"[175] begründbar, die Verantwortung des Men-

---

170 G. Schiwy: Abschied vom allmächtigen Gott. München 1995, 83.
171 Zit. nach D. Böhler: Ethik für die Zukunft. München 1994, 170.
172 Vgl. dazu auch W. E. Müller (Hg.): Hans Jonas. Von der Gnosisforschung zur Verantwor-
     tungsethik. Stuttgart 2003.
173 Jonas: Das Prinzip Verantwortung, 393.
174 Jonas: Das Prinzip Verantwortung, 391.
175 Jonas: Das Prinzip Verantwortung, 84.

schen der Natur als solcher gegenüber bleibt eine mittelbare – eine um des Menschen willen.

Das entspricht der Vorstellung eines „Anthropozentrismus mit Augenmaß"[176]. Auch wenn Jonas den Gegensatz von Mensch und Natur in der von Bacon ausgehenden neuzeitlichen Rhetorik der Naturbeherrschung zugunsten eines Aufgehobenseins des Menschen im Weltorganismus überwinden will, bleibt doch bei ihm unumstritten, wer in dieser neuen Beziehungskultur im Mittelpunkt steht und maßgebend ist: der Mensch. Der Umwelt- und analog dazu auch der Klimaschutz ist für ihn kein Selbstzweck, sondern muss dem Menschen dienen. Verantwortlich handeln bedeutet in Jonas' Philosophie des Lebens, das beste für den Menschen zu tun, um als „Verrichtungsgehilfe" Gottes die „Permanenz echten menschlichen Lebens"[177] zu gewährleisten, und damit den göttlichen Auftrag zu erfüllen. Jonas denkt auf der Basis seiner prozessualen Schöpfungstheologie aber nicht nur an eine Verantwortung des Menschen *vor* Gott, sondern auch *für* Gott. Wolfgang Erich Müller umreißt die für Jonas' Ansatz charakteristische Vorstellung: „Auch wenn Gott sich aus der Welt zurückgezogen hat, so ist er ihr Ermöglichungsgrund und wird sie wieder zu sich zurücknehmen. Deshalb sollte der Mensch so handeln, dass Gott sein Tun nicht bereut. Er wird für Gott verantwortlich, der seiner Macht entsagt hat. Deshalb sollte der Bezug auf Gott, der die Kategorie des Heiligen darstellt, daran hindern, das Leben – als Ergebnis der Selbstkontraktion Gottes – aufs Spiel zu setzen, weil dies dann auch Gott betrifft"[178]. Wir werden auf Jonas' Gottesbegriff noch im Zusammenhang mit einer zeitgemäßen Antwort auf die Theodizeefrage zurückkommen (vgl. Kapitel 4.3).

Was Jonas' Ansatz wichtig und aktuell macht und ihn als Folie für eine Klimaethik tauglich erscheinen lässt, das ist die Verbindung von Schöpfungsbewusstsein, Anthropozentrik und intergenerationaler Holistik und der daraus entwickelte kategorische Imperativ des Gattungslebens, den ich schon erwähnt habe. Jonas führt dazu aus: „Ein Imperativ, der auf den neuen Typ von Handlungssubjekt gerichtet ist, würde etwa so lauten: ‚Handle so, daß die Wirkungen deiner Handlung verträglich sind mit der Permanenz echten menschlichen Lebens auf Erden'"[179]. Handlungssubjekt sind dabei alle Menschen – ein individualethischer Ansatz. Angesprochen sind aber auch

176 Vgl. dazu Bordat: Kirche im Klimawandel, 161.
177 Jonas: Das Prinzip Verantwortung, 36.
178 W.E. Müller: Hans Jonas. Philosoph der Verantwortung. Darmstadt 2008, 144.
179 Jonas: Das Prinzip Verantwortung, 36.

alle Einrichtungen, die Menschen gebildet haben, damit sie gemeinschaftliches Handeln unter den Ermöglichungsbedingungen technischer Systeme organisieren; das wäre ein institutionenethischer Zugang.

Wenn Jonas' Forderung nach einem „Höchstmaß an politisch auferlegter gesellschaftlicher Disziplin" zur – wie er sagt – „Unterordnung des Gegenwartsvorteils unter das langfristige Gebot der Zukunft" beachtet wird,[180] dann kann aus Jonas' Technikethik der 1970er Jahre eine Klimaethik für das 21. Jahrhundert gewonnen werden,[181] zumal bereits Jonas selbst „eine Überwärmung des Erdraums"[182] durch die technisierte, industrialisierte Wirtschaft als Problem für die „Permanenz echten menschlichen Lebens auf Erden"[183] ansieht – ein Jahrzehnt vor Gründung des *Intergovernmental Panel on Climate Change* (IPCC)[184].

3.5 Wie Verantwortungsübernahme gelingt

Fassen wir kurz zusammen. Verantwortungsübernahme gelingt nur bei klaren Vorgaben, die Orientierung ermöglichen. Verantwortungsübernahme gelingt besser, wenn man sich getragen weiß, wenn man also die Gewissheit hat, dass die *Letzt*verantwortung nicht beim Menschen liegt, wenn man weiß, dass es auf den Menschen zwar ankommt, dass aber nicht alles von ihm abhängt.

Demut, die uns Schuld anerkennen, und Gelassenheit, die uns nicht in Panik fallen lässt, befähigen zum konkreten Handeln. Aktionismus und Fatalismus hemmen die Potentiale des Menschen. Mit anderen Worten: Verantwortung, wenn sie nicht überfordern, sondern motivieren soll, braucht *Gottvertrauen*.

So lässt sich Verantwortung auf drei Ebenen erkennen: Verantwortung vor Gott, vor dem Menschen und vor dem Guten, dem sich Gott und Mensch

---

180 Jonas: Das Prinzip Verantwortung, 251.
181 In diesem Sinne meint auch Müller: „Jetzt, fast 30 Jahre nach dem Erscheinen von *Das Prinzip Verantwortung* ist mit dem Begriff des Klimawandels wiederum ein Punkt erreicht, an dem man sich an die Warnungen Jonas' bezüglich der technologischen Zivilisation erinnern sollte, um zu überlegen, welche Anregungen dieses Philosophen für das Überleben unserer Kultur bedenkenswert sind" (Hans Jonas, 7).
182 Jonas: Das Prinzip Verantwortung, 329.
183 Jonas: Das Prinzip Verantwortung, 36.
184 Zur Geschichte der Klimaforschung vgl. Kapitel 4.4.

verpflichtet wissen – Gott, insoweit er Güte *ist* und der Mensch, insoweit er seiner Natur nach gut sein *will*. Die Verantwortung des Einzelnen – die moralische, aber auch die rechtliche – ist nicht vollständig an die Gemeinschaft delegierbar, Institutionen leisten aber einen wichtigen Beitrag dazu, dass Individuen ihrer Verantwortung gerecht werden können – tugendhaftes Handeln braucht förderliche normative Bedingungen.

Wie bringen wir nun die Sphären zusammen – einen Glauben an Gott, der zum Handeln ermutigt, Regeln, die dazu befähigen, eine Technik, die uns wirklich hilft und nicht schadet, eine Wissenschaft, die wir respektieren und die uns nützt, ohne uns erlösen zu wollen? Dazu ein Versuch zum Schluss dieser Abhandlung.

4. Nur gemeinsam!

Ein Vorschlag für eine Bewältigungsstrategie, die Glauben und Wissen zusammenführt

4.1 Corona und Klima – kontroverse Diskurse

Zwar entwickeln sich die jeweils vorherrschenden Deutungsmuster historisch entlang der dominierenden weltanschaulichen Sinnzuschreibung, doch
bedeutet dies keine Sukzession von Vorstellungswelten, sondern deren ten-
denzielle Favorisierung seitens der Mehrheit. Deutungsmuster verwinden
also nicht einfach so, sondern werden nur zurückgedrängt oder überlagert.
Heute treten nach wie vor alle drei angesprochenen Konzepte im Katastrophendiskurs auf, in dem nach der Verantwortung des Menschen, seines
Verhaltens und der Technik, die er schuf, gefragt wird – aber auch nach
Gott. Religiöse Interpretations- und Bewältigungsansätze bilden dabei zwei-
felsohne keine vorherrschenden, schon gar nicht exklusiven Paradigmata des
deutenden Zugangs mehr (damit war, wie wir sahen, bereits nach 1755
Schluss), sie werden aber dennoch angesichts der Sprachnot bemüht: Der
Bürgermeister von New Orleans, der Demokrat Ray Nagin, sah Hurrikan
„Caterina" (2005) etwa als „Strafe Gottes" für den Irakkrieg (2003) an.[185]

Viele religiöse Erweckungsbewegungen, Freikirchen und charismatischen
Gruppen sehen im Leid – dem Tun-Ergehen-Zusammenhang folgend – eine
Strafe für Verfehlungen des Einzelnen oder auch als Konseqeunz für das Ge-
baren der säkularisierten westlichen Welt, die sich von den Geboten Gottes
abwende und in Dekadenz und Sündhaftigkeit lebe. Hier ergibt sich bisweilen eine gefährliche Mentalität, die jeden Terroranschlag als Bestätigung der
eigenen Theorie auffasst, die häufig mit bizarren Endzeitvorstellungen verknüpft ist. Der Übergang zwischen der bloßen Feststellung, der hämischen
Kommentierung, der passiven Duldung und – im Extremfall – der aktiven
Förderung von Übeln – als eine Art selbsterfüllte Prophezeiung – ist dabei
im übrigen fließend.

Gerade Corona hat die Theodizeefrage an vielen Stellen und in vielen Kontexten aufkommen lassen. Zumeist erschöpft sich die religiöse Dimension
der Deutung in der Frage nach dem *Warum*. Warum kannst Du, Gott, zulassen, was wir an Leid erfahren müssen? Warum nimmst Du die Corona-Pandemie nicht einfach weg? Die sich daran anschließenden theologischen Dis-
kurse sind unbedingt zu führen, es hat keinen Sinn, sie als unzeitgemäß ins

---

185 Ray Nagin droht weggespült zu werden, in: FAZ.net, 18.5.2006 (URL: https://www.faz.net/
aktuell/politik/ausland/new-orleans-ray-nagin-droht-weggespuelt-zu-werden-1331315-
p2.html, abgerufen am 7.4.2021).

Private zu drängen. Es braucht – gerade auch in der Kirche – Menschen, die die Theodizeefrage auch heute noch ernst nehmen und um eine Antwort ringen. Religion und Kirche sind insoweit *systemrelevant*, als diese Frage in ihren Räumen (und seien es auch bloß die Echokammern religiös-kirchlicher Angebote in den Sozialen Medien) gestellt werden darf und auch gestellt werden soll. Dort (und in anderen christlichen, auch in privaten katholischen Foren) wiederum las ich des öfteren, das Corona-Virus sei eine Strafe Gottes für die Sünden der Menschen. Das ist schlechte Theologie. Weiter unten will ich erläutern, warum (vgl. Kapitel 4.3). Doch zunächst einige Bemerkungen zum Umgang mit der weltanschaulichen Diversität.

Ohne ein gesellschaftlich geteiltes Deutungsmuster brauchen wir heute eine konventionalistische Verständigung auf Handlungsstrategien. Im Bewusstsein unserer Vielfalt in Fragen der Weltanschauung braucht es einen diskursiven Verständigungsprozess. Wir können dabei aus der Vergangenheit lernen, gewissermaßen aus dem Vollen schöpfen und dann die Transformation für aktuelle Probleme vornehmen. Beispiel: Klimawandel. Die Handlungsstrategie des Zeitalters der Theodizee bestand darin, das Sündigen zu lassen, umzukehren zu einer gottgefälligen Lebensweise. Heute geht es darum, „Umweltsünden" vermeiden, zurückzukehren zu einer Lebensform, die im Einklang mit der Natur steht. Die Handlungsstrategie des Zeitalters der Technodizee kann darin gesehen werden, dass der Mensch von gefährlichen Techniken ablassen soll, deren Nutzung böse enden kann. Heute geht es darum, Energie- und Mobilitätssysteme nicht nur aufgrund ihrer unmittelbaren Gefährdung des Lebens oder der Gesundheit, sondern auch im Hinblick auf ihre Klimawirkung zu bewerten und sie daraufhin anzupassen. Die Zielgrößen und der Zeithorizont haben sich also geändert – die Sache ist komplexer geworden.

Das reicht aber noch nicht. Es geht heute auch darum, das menschliche Verhalten anzupassen, weit über Sündenvermeidung und angemessene Techniknutzung hinaus. Alle Lebensbereiche sind betroffen: die Art, wie wir wohnen, arbeiten, reisen, uns kleiden, uns ernähren. Wir leben unter dem Deutungsmuster der Anthropodizee. Wir können uns nicht aus der Verantwortung stehlen. Doch ist dafür wiederum die Anbindung an eines der beiden eng verwandten Deutungsmuster Theodizee und Technodizee nötig, um Orientierung zu erlangen, die über konkretes Verhalten hinausweist und eine Grundrichtung vorgibt. Woran wollen wir uns halten, in unserem Verantwortungsbewusstsein? An Gott, an die Religion, an die Theologie? Oder an Wissenschaft, an Experten, an Technik? Oder können wir für die nötigen

Veränderungen aus beiden Quellen schöpfen und Motive, Strategien und Praktiken aus beiden Richtungen gewinnen? Dafür möchte ich plädieren: für das Miteinander von Wissen und Glauben, für den kulturellen Profit aus Wissensbestand und Glaubensvollzug.

Zum Beispiel: Urlaub. Der Tourismus kann auf technologischer Basis „klimasensitiver" gestaltet werden. Eine Radwanderung im schönen Holland könnte die Flugreise auf eine der Kanareninseln ersetzen. Eine Menge CO_2 gespart. Soweit kommen wir auch ohne den Glauben. Man könnte aber auch mal ganz grundsätzlich fragen, welchen Zweck der Urlaub haben soll, welche Bedürfnisse damit befriedigt werden wollen. Worum geht es mir – sei es in Holland oder auf den Kanaren? Um Erholung? Um Ruhe? Um Erlebnisse? Um das Kennenlernen anderer Kulturen? Um neue soziale Kontakte? Und, daran anschließend: Welche Hoffnungen verbinde ich damit? Was will ich *eigentlich*? Bei den Antwortversuchen auf diese Fragen kommt dann – für einen Menschen, der an Gott glaubt – auch sein religiöser Glaube ins Spiel.

Vorab scheint es nötig, einer grundsätzlichen Skepsis hinsichtlich der Vereinbarkeit der Sphären des Wissens und des Glaubens entgegenzutreten. Es ist ja doch so: Wer Vernunft und Religion, wer Wissen und Glauben auseinanderreißt, ist heute kaum noch begründungspflichtig. Umgekehrt schon: Wer sich als religiös versteht, katholisch ist und trotzdem einen Hochschulabschluss erreicht hat, steht permanent unter Rechtfertigungsdruck: „Wie kannst Du nur glauben?!"

4.2 Religion und Wissenschaft – ein Widerspruch?

Glauben und Wissen – geht das zusammen? Religion und Wissenschaft? Die Antwort, die heute oft vorschnell gegeben wird, lautet unmissverständlich „Nein!", zumal, wenn der Glaube der christliche ist, noch dazu katholischer Prägung. Denn, auch das steht für viele Menschen heute fest: Die Kirche ist die natürliche Gegnerin von Vernunft, Fortschritt und Wissenschaft.

Das Gegenteil ist wahr. Seit jeher sind die Kirche und die Wissenschaft kultur- und sozialhistorisch eng verbunden. Als Buchreligion brachte das Christentum die Notwendigkeit einer tradierten Schriftkultur mit sich. Christliche Missionare gründeten Schulen (zum Lesen lernen) und Bibliotheken (für das zu Lesende). Nördlich der Alpen war so etwas bis dahin unbekannt. Ohne die Kirche (genauer: die Klöster; Mission in Mitteleuropa ist zunächst eine Sache iro-schottischer Mönche, dann der Benediktiner) hätte es im mittelalterlichen Europa keine Universitätsgründungen gegeben, nicht in Bologna, nicht in Paris, nicht in Köln. In den Wahlsprüchen renommierter Einrichtungen ist die christliche Grundierung heute noch erkennbar: *Dominus Illuminatio Mea* („Der Herr ist mein Licht") – Psalm 27, 1 ziehrt das Wappen der Universität Oxford. Und es hätte auch im Rest der Welt keine Universitätsgründungen gegeben; das europäische Bildungsmodell gelangte über die Missionsorden nach Übersee. Noch heute sind die Dominikaner, Franziskaner und Jesuiten Träger vieler Bildungseinrichtungen in Amerika, Afrika, Asien und Australien.

Doch der Konnex von Glauben und Wissen, von Religion und Wissenschaft ist noch viel stärker als die geschichtlich gewachsene institutionelle Verbindung von Kirche und Universität. Die Metathese der Naturwissenschaft lautet, dass es universale Gesetzmäßigkeiten gibt, die überall gelten, auf der Erde, aber auch im Weltraum. Ohne diese lohnte sich die Forschung nicht, geht es doch dabei gerade um die Erkenntnis der Naturgesetze. Im Glauben der christlichen Forscher des 16. und 17. Jahrhunderts, also im Glauben eines Kopernikus, eines Kepler, eines Newton oder auch eines Leibniz, von dem ja schon des öfteren die Rede war, ist Gott der Garant dieser stabilen Verhältnisse. Viele dieser herausragenden Köpfe der Wissenschaftsgeschichte betrieben auch intensive theologische Studien, verbanden also ihre Forschungstätigkeit mit ihrem religiösen Glauben, ohne den sie wiederum gar nicht angefangen hätten, nach Naturgesetzen zu suchen. Die Entstehung der modernen Wissenschaft ist also methodologisch untrennbar mit dem Glauben an Gott verbunden. Hinzu kommt, dass die betrachtete Natur als Schöpfung begriffen wurde und die Forschung damit auch als Annäherung an den Schöpfer. Die Welt zu verstehen, hieß, Gott zu verstehen. Diese Motivation überstieg das mit dem Glauben an Gott unterstellte notwendige Minimum an struktureller Verlässlichkeit der Welt und trieb die Forschung weiter an. Nur so lässt sich erklären, zu welchen Leistungen die genannten Genies fähig waren, Leistungen, von denen wir bis heute profitieren – oft, ohne uns dessen bewusst zu sein. Auf Leibnizens Grundlegung der Computertechnologie hatte ich ja schon hingewiesen (vgl. Kapitel 1.2).

Nun war Leibniz bekanntlich Protestant (wenn auch mit ökumenischer Ader) – was aber ist mit der Katholischen Kirche? Wenn dem so ist, dass der Glaube das Forschen motiviert, müsste es ja vor katholischen Forscherpersönlichkeiten in Naturwissenschaft und Technik nur so wimmeln. Tut es auch. Und ebenfalls mit Wirkung auf unsere gegenwärtige Lage. Heute sprechen alle von der Corona-Impfung. Das Impfprinzip entdeckte der Katholik Louis Pasteur. Heute ist überall die Rede von den Chancen einer medizinischen Revolution, die Gentherapien entwickelt, individuell abgestimmt auf den einzelnen Menschen. Die Grundlagen der Genetik entdeckte ein Augustiner, Gregor Mendel. Heute warten alle auf die grüne Mobilitätswende und diskutieren die Möglichkeiten des Elektro-Autos. Den ersten Elektromotor baute ein Benediktiner, Ányos Jedlik. Heute gilt allen der „Big Bang" als die plausibelste Weltentstehungstheorie; den Begriff führte ein katholischer Geistlicher in die astronomischen Debatten ein: Georges Lemaître, lange Zeit Präsident der Päpstlichen Akademie der Wissenschaften. Viele Menschen, die heute an Diabetes leiden, können mit der Insulin-Therapie behandelt werden, zuerst eingesetzt in Neapel von Giuseppe Moscati, den die Kirche als Heiligen verehrt. Der katholische Priester John Augustine Zahm befasste sich – nur wenige Jahre nach Darwin – mit der Evolutionstheorie, der fromme Katholik Louis-Victor Pierre Raymond de Broglie entwickelte die Theorie der Materiewellen, der ehemalige Präsident der Päpstlichen Akademie für das Leben, Jérôme Lejeune, entdeckte die genetische Ursache des Down-Syndroms. Ein katholischer Priester war der erste, der einen Planetentransit beobachtete und außerdem noch das Trägheitsprinzip und den Energieerhaltungssatz formulierte: Pierre Gassendi. Und wer erfand – zur Freude der Surfer – den nützlichen Synthesekautschuk Neopren? Richtig: ein katholischer Priester – Julius Arthur Nieuwland.

Die Verbindung von Katholizität und Universität hat zudem in der Geschichte der Geschlechtergleichstellung positive Spuren hinterlassen. Einige herausragende Frauen in der Wissenschaft waren eng mit der Kirche verbunden: Die erste Frau mit einem Doktortitel in Medizin war eine Katholikin (Maria Dalle Donne), ebenso wie die erste Professorin in Oxford oder Cambridge (Dorothy Annie Elizabeth Garrod), während Schwester Mary Kenneth Keller als erste Informatikprofessorin in den USA wirkte. Schwester Miriam Michael Stimson, eine Chemikerin und DNA-Expertin, war immerhin die zweite Professorin an der Pariser Sorbonne. Ordensfrauen als Pionierinnen der Wissenschaft.

Angesichts dieser Fakten denken wir nun erneut über die postulierte Wissenschaftsfeindlichkeit der Kirche nach: Hätten diese Menschen, die z.T. bahnbrechende Entdeckungen machten, unter dem Dach einer ihrem Forschungsdrang feindselig gegenüberstehenden Institution leben und arbeiten können? Hätten sie nach der Logik der Unvereinbarkeitsbehauptung[186] nicht eines von beidem aufgeben müssen – entweder das klösterliche, kirchliche Leben oder die Arbeit im Labor bzw. an der Uni? Haben sie aber nicht.

Dieser ganz kurze Streifzug durch die Geschichte und die leuchtenden Beispiele gläubiger Wissenschaftlerinnen und Wissenschaftler zeigen, dass Religion und Wissenschaft als Ausdrucksformen der menschlichen Vernunft beide eine berechtigte Rolle bei dem Versuch spielen können, zu einer persönlichen Selbstvergewisserung und einer Orientierung in der Welt zu gelangen. Die ganze Wahrheit gibt sich der Vernunft also nur zu erkennen, wenn sich das Beweiswissen der Wissenschaft mit dem Offenbarungswissen der Religion eint.[187] Religion und Wissenschaft schließen sich also nicht gegenseitig aus, sie ergänzen sich vielmehr. Es zeigt sich immer deutlicher, auch in der Wissenschaft selbst (etwa in der Physik), dass der Anspruch des Szientismus', mit (natur-)wissenschaftlicher Forschung Ursache und Wesen der Welt gänzlich und abschließend zu erklären und damit jedes religiöse Interpretament mit der instrumentellen Vernunft vollständig einzuholen, nicht gerechtfertigt ist, jedenfalls nicht mehr oder weniger als der religiöse Glaube selbst.

Wissenschaft und Technik können Antworten geben auf Fragen, die Religion nicht stellen kann und auch nicht stellen will, Religion wiederum kann Menschen auf einer Ebene ansprechen und erreichen, auf denen Phänomene liegen, die die Wissenschaft nicht bedenken kann und die sich technisch nicht bewältigen lassen, etwa Trost, Hoffnung und Liebe. Die Anerkennung der Leistungsfähigkeit von Religion für die Gesellschaft (also über die Erbauungsfunktion für den Einzelnen hinaus) wird heute als „postsäkulare" Einsicht auch abseits von Glaubensgemeinschaften in vielen gesellschaftstheoretischen Positionen vertreten. Von Ernst-Wolfgang Böckenförde über Jürgen Habermas bis Charles Taylor gilt: Religion hat das Potenzial, uns mit Deutungsmöglichkeiten zu bereichern, die vernünftig sind, gerade weil sie den engen Rahmen der naturwissenschaftlichen Erklärung sprengen. Religion ist für die ganzheitliche Interpretation des Lebens – mit allen Krisen und Gefährdungen – nicht nur für den Gläubigen wichtig, sondern bietet auch einer glaubensfernen Gesellschaft Chancen, vorausgesetzt, dass sie, die Religion (konkret: die Kirche), die ihr eigene performative Kraft in die Situation ein-

---

186 Vgl. zur Unvereinbarkeitsbehauptung und ihrer Widerlegung meinen Beitrag Was ich behaupte – und was nicht, in: JoBos Blog, 2.6.2021 (URL: https://jobosblog.wordpress.com/2021/06/02/was-ich-behaupte-und-was-nicht/, abgerufen am 3.6.2021).

187 Im Sinne einer „geweiteten Vernunft", von der Papst em. Benedikt XVI. sprach.

trägt und ihre Werte in den Diskursen allgemeinverständlich vermittelt. In diesem Sinne fordert kein Geringerer als Habermas eine „rettende Übersetzung" der jüdisch-christlichen Glaubensgehalte: „Säkularisierung, die nicht vernichtet, vollzieht sich im Modus der Übersetzung", sonst ginge „etwas verloren".[188]

4.3 Religion: Neue Antworten auf die alte Theodizeefrage

Wie schon erwähnt: Die Theodizeefrage ist nicht verstummt, wenn auch das religiöse Deutungsmuster heutzutage gesellschaftlich nicht mehr vorherrscht. Es gibt heute, neben der Auflösung der Frage in der Gottesleugnung[189] – Wo kein Gott, da keine göttliche Gerechtigkeit – höchst unterschiedliche Lösungsansätze der zeitgenössischen Theologie für das Theodizee-Problem, im Ausgang – wieder einmal – von Immanuel Kant.

4.3.1 Kants authentische Theodizee

Kant bereitet – wie wir sahen – mit seinen an der zeitgenössischen Geologie orientierten Betrachtungen zum Erdbeben von Lissabon die Technodizee vor – und mit der Betonung der Bedeutung des *malum morale* die Anthropodizee. Ferner entwickelt er vor dem Hintergrund des Erdbebens von Lissabon auch eine eigene Deutung des Theodizeeproblems, genauer: eine Umdeutung der ursprünglichen Frage zur *authentischen Theodizee*, die ein anthropologisch verkürztes Modell darstellt, weil sie den Menschen seine Erkenntnisabsicht eingedenk seiner Bedingungen zurücknehmen lässt. Die conditio humana gibt es nach Kant schlechterdings nicht her, dass der Mensch ertragreich über die Theodizee nachzudenken vermag, wie es Leibniz noch unterstellte. Kant meint, dass dafür unsere Vernunft zu beschränkt sei.

188 J. Habermas: Glaube und Wissen. Frankfurt a.M. 2001, 24 u. 29.

189 Das Leid wird dabei geradewegs zum „Beweis" einer vermeintlichen Nichtexistenz Gottes, zum „Fels des Atheismus" (Georg Büchner): „Man kann das Böse leugnen, aber nicht den Schmerz; nur der Verstand kann Gott beweisen, das Gefühl empört sich dagegen. Merke dir es, Anaxagoras: warum leide ich? Das ist der Fels des Atheismus. Das leiseste Zucken des Schmerzes, und rege es sich nur in einem Atom, macht einen Riß in der Schöpfung von oben bis unten.", G. Büchner, Dantons Tod, 3. Akt, 1. Szene, in: Werke und Briefe, hg. v. K. Pörnbacher. München 1990, 107.

Hatte Kant in seinen Frühschriften, insbesondere in *Versuch einiger Betrachtungen über den Optimismus* (1759) Leibnizens Theodizee noch zu verteidigen versucht,[190] wird in den späteren Texten, die den drei Kritiken folgen, rasch klar, dass es ihm nur noch um den Erhalt der pädagogisierenden Wirkung geht, die er zu einer moralisierenden aufbaut. Doch auch in der vorkritischen Phase rechtfertigt Kant Leibnizens System der prästabilierten Harmonie nur insoweit, als sie diese Wirkung metaphysisch untermauert, nicht aber hinsichtlich der menschlichen Einsicht in den göttlichen Weltplan, die Leibniz noch zu vermitteln bemüht ist. Für Kant überschätzt sich der Mensch mit derartigen Spekulationen, er sei schlechterdings nicht fähig, die göttlichen Ratschlüsse einzusehen. Deshalb erschöpfe sich die menschliche Interpretationsleistung darin, diese nach seinen Einsichten auszulegen. Aufgrund der Diskrepanz zwischen der sichtbaren weltimmanenten Wirkung und der unersichtlichen transzendenten Ursache reichen diese Einsichten aber nicht aus für eine qualifizierte Antwort auf die Frage nach den Letztursachen. Es ging Kant angesichts des Erdbebens von Lissabon also nicht mehr um eine philosophische Lösung des Theodizeeproblems, aber auch nicht darum, in voltaireschen Atheismus zu fallen, der jeden Sinn des Leids leugnet, sondern darum, den Menschen zu mahnen, sich nicht trotz, sondern wegen des Leids Gott hinzuwenden resp. hingewendet zu bleiben, dem biblischen Vorbild Hiob gleich, um im Aushalten des Unausweichlichen der verzweifelten Situation einen Sinn abzutrotzen.

Mit der Entwicklung seines subjektivistischen Autonomiekonzepts für die Epistemologie und die Ethik verwirft er Leibnizens Vorstellung von der substanzmetaphysischen Ontologie des Bösen gänzlich. Das Böse ist bei Leibniz, ganz im Sinne der Tradition (Augustinus, Boethius, Thomas von Aquin), eine *privatio boni* ohne eigene Substanz. Doch Leibniz ist trotz dieser Ontologie des Bösen als Nicht-Seiendes der Ansicht, dass Ereignisse auftreten können, die sich akzidentiell als *böse* bezeichnen lassen. Es spielt für die weltimmanente Wirkung, die sich auf die spürbare Eigenschaft beschränkt, ohnehin keine Rolle, ob das Böse nur als Negation des Guten gedacht – und damit ontologisch verharmlost wird – oder als eigene Entität, die unabhängig vom Guten existieren kann. Das Böse ist bei Leibniz also ein substanzlos, es besteht als *malum metaphysicum* außerhalb des Menschen (und *muss* – wie oben gezeigt wurde – in Leibnizens Weltbild um der Schöpfung Gottes und der Freiheit des Menschen willen auch bestehen). Das

---

190 I. Kant: Versuch einiger Betrachtungen über den Optimismus, in: Immanuel Kant. Werke, Bd. 1, hg. v. W. Weischedel. Frankfurt a.M. 1963, 583 ff.

Böse manifestiert sich im *malum physicum*, begegnet dem Menschen also gleichsam als Leid von außen her.

In seinem Text *Über das Mißlingen aller philosophischen Versuche in der Theodizee* (1791) wiederholt Kant deutlicher als in den Frühschriften, dass die menschliche Vernunft zu begrenzt sei, um derartige metaphysische Spekulationen anzustellen, wie Leibniz dies getan habe. Dessen Versuch weist er als „Auslegung einer vernünftelnden (spekulativen) [...] Vernunft"[191] zurück, da sie einen Absolutheitsanspruch erhebe, die der menschlichen Vernunft nicht zukomme.

Kant entwickelt seine authentische Theodizee gegen die doktrinalen Theodizeen, die *qua Vernunft* eine Antwort auf die Frage nach der Gerechtigkeit Gottes angesichts erfahrener Übel geben wollen und erwarten, dass diese konsistent sei. Kant ironisiert dieses Vorhaben – Kern von Leibnizens *Theodizee* – als „vernünfteln"[192]. Den Unterschied zwischen den beiden Ansätzen zeigt Kant an der Hiob-Erzählung. Hiobs Freunde versuchen sich an der doktrinalen Theodizee, an einer stringenten Erklärung für Hiobs Leid. Sie finden diese – der jüdischen Tradition gemäß – im Tun-Ergehen-Zusammenhang: Hiob habe wohl Schuld auf sich geladen und erhalte nun die gerechte Strafe. Hiobs Reaktionen erschöpfen sich im Vertrauen – das ist gewissermaßen nicht vernunftwidrig, sondern *außervernünftig*. Hiob versteht nicht, was passiert, d.h., er findet keine Antwort auf das Warum, nimmt aber das grausame Geschehen gläubig, also: vertrauend an. So realisiert er die authentische Theodizee, die allein dem Menschen nach Kant zukomme. Dabei vertraut Hiob nicht „blind", er sieht vielmehr die Grenzen seiner Erkenntnismöglichkeit – und stellt daraufhin alles ihm bzw. seiner Vernunft Entzogene vertrauend Gottes Barmherzigkeit anheim. Hiob ist insoweit ein Vorbild, als er nicht über Dinge grübelt, die ihm zu hoch sind, und die er nicht versteht.

Insbesondere in *Die Religion innerhalb der Grenzen der bloßen Vernunft* (1793) verfolgt Kant das Programm einer pragmatischen Übersetzung der Theodizeefrage von der Transzendenz in die Immanenz. Die Grundhaltung des Quietismus hinsichtlich des Ursprungs des Übels wird angesichts des daraus resultierenden Leids auf der Basis der Hinwendung zu Gott ein Auftrag für die Moralität des Menschen. Bei Kant gibt es letztlich nur den Men-

---

191 I. Kant: Über das Mißlingen aller philosophischen Versuche in der Theodizee, in: Immanuel Kant. Werke, Bd. 11, hg. v. W. Weischedel. Frankfurt a.M. 1964, 116.
192 Vgl. ebd.

schen und seine subjektiv-innerliche Perspektive auf die Welt. Er, der Mensch, der nichts wissen kann von Grund und Ursprung des Übels wird damit zum Grund und Ursprung von Überwindungsformen des Leids. Entscheidend ist dabei, so Kant, eine Änderung der Sitten.[193] Der Sieg des Guten über das Böse hängt für Kant zudem mit einer veränderten Religiosität zusammen, weg vom „Kirchenglauben", hin zum „reinen Religionsglauben", durch den die „Gründung des Reiches Gottes auf Erden" möglich werde,[194] das nicht mehr als messianisches, sondern als *moralisches* Reich gedacht wird.[195]

Die authentische Theodizee Kants ist im Ergebnis also eine Anthropodizee. Dabei führt diese Umformung nicht nur zum Verlust der Pointe, es ist am Ende gar nicht mehr dieselbe Frage, um die es geht, denn es wird keine Erklärung für den Ursprung des Übels mehr gesucht, sondern eine Strategie gelungener Kontingenzbewältigung. Die Schwäche der theoretisch-intellektuellen Theodizee Leibnizens, genau diese nicht zu bieten, wird erkannt und behoben, aber um den Preis dessen, dass das Problem als solches dispensiert wird. Die Ursache des Übels bleibt dem Menschen bei Kant verborgen, eine Lösung gibt es nicht, zumindest keine, die wir erkennen können. Was dem Menschen bleibt, ist die Überwindung des Leids, das aus dem Übel resultiert. Die authentische Theodizee ist somit keine *echte* Theodizee mehr, da sie mit dem Anspruch Leibnizens nach einer intelligiblen Welterklärung bricht. Leibniz hält noch die Einsicht ins Ganze für möglich, die allerdings mit der Hypothek eines feinjustierten Systems metaphysischer Voraussetzungen belastet ist und die ihre Geltung nach dem Erdbeben von Lissabon nur noch unter Ausblendung des menschlichen Strebens nach Hilfen zur konkreten Kontingenzbewältigung hätte aufrecht erhalten können. Dazu waren die Menschen in Lissabon und in ganz Europa eingedenk der überwältigenden Faktizität der Katastrophe nicht bereit. Ob Kants Lösung jedoch trost- und hilfreicher ist, um in der Leiderfahrung Sinn zu sehen, darf bezweifelt werden, denn seine Rechnung eines Fortschritts der Menschheit zum Guten eingedenk der Achtung vor dem moralischen Gesetz ist eine Rechnung mit vielen Unbekannten, eine Rechnung, die – wie wir wissen – auch nicht aufgeht.

---

193 Vgl. I. Kant: Die Religion innerhalb der Grenzen der bloßen Vernunft, in: Immanuel Kant. Werke, Bd. 4, hg. v. W. Weischedel. Frankfurt a.M. 1963, 697 f.
194 Kant: Religion innerhalb der Grenzen, 751.
195 Kant: Religion innerhalb der Grenzen, 803.

Dennoch öffnet Kant eine Perspektive zur Überwindung des Leids in theologisch-philosophischer, naturwissenschaftlicher und ethischer Hinsicht. Dabei sind strukturelle Ähnlichkeiten von Theodizee, Technodizee und Anthropodizee vorhanden, welche die unterschiedlichen Lösungsansätze vergleichbar machen, denn stets müssen Fragen auf drei Ebenen beantwortet werden: 1. auf der Ebene der *Ermöglichungsbedingung*. Am Anfang steht der teleologische Wahlakt, der einer Präferenz obliegt. Wie ist dieser Wahlakt des Schöpfer-Gottes zu denken bzw. des Menschen, der sich für technische Systeme und ein bestimmtes Verhältnis zur Natur bzw. ein bestimmtes Verhalten zueinander entscheidet? 2. auf der Ebene der *ethischen Dimension*. Wer hat angesichts dieses Wahlaktes wofür Verantwortung? Wenn Gott für die Schöpfung verantwortlich ist, welche Menschen und Menschengruppen sind dann für die Technik verantwortlich? Wer ist verantwortlich für den Erhalt der Natur und wieweit sind wir füreinander verantwortlich? 3. auf der Ebene der *moralischen Dimension*. Was bedeuten „gut" und „böse", bezogen auf die relevanten Beziehungen Gottes zu den Menschen, des Menschen zur Technik, zur Natur, zueinander? Die erste Ebene bleib analytisch, die Ebenen zwei und drei entwickeln eine normative Position, als deren Ergebnis ein bestimmtes Gott-Mensch-, Mensch-Technik-, Mensch-Natur- und Mensch-Mensch-Verhältnis steht, so dass schließlich auch der pädagogische Effekt des leibniz-wolffschen Perfektibilitätsdenkens bei der Transformation der Theodizee zur Techno- bzw. Anthropodizee erhalten bleibt.

4.3.2 Der Wandel in neueren Antworten auf die Theodizeefrage

Die authentische Theodizee verzichtet auf eine Lösung des Theodizeeproblems, behauptend, dass man über den Ursprung des Übels nichts wissen kann. Unlösbarkeit führt in der Strategie der Kontingenzbewältigung zu bedingungslosem Vertrauen auf Gott. Das Postulat des bedingungslosen Vertrauens auf die Fügungen Gottes angesichts seiner Unergründlichkeit zerfällt in zwei Teile. Erstens in die Erkenntnis und Akzeptanz der tiefen Unergründlichkeit Gottes, die Hiob im eigenen Leben vehement erfuhr und der Apostel Paulus so eindrücklich beschrieb: „O Tiefe des Reichtums, der Weisheit und der Erkenntnis Gottes! Wie unergründlich sind seine Entscheidungen, wie unerforschlich seine Wege!" (Röm 11, 33).

In diesem Sinne gibt es keine Lösung des Theodizee-Problems. Wir sind nicht berechtigt, Gott anzuklagen. Daraus folgen dann, wenn man weiter an Gott glauben will, auch eingedenk seiner Unergründlichkeit, drei Optionen.

Gottvertrauen. Man hält am Vertrauen auf Gott fest. Hier sei an den Vorschlag Hans Küngs erinnert. Küng führt in *Christ sein* aus, dass unbedingtes und restloses Vertrauen zu Gott, trotz der Unfähigkeit, das Rätsel des Leids und des Bösen lösen zu können, dem leidenden, zweifelnden, verzweifelten Menschen einen letzten Halt gebe und sich das Leid damit zwar nicht ursächlich „erklären", aber doch bestehen lasse,[196] mehr noch: „Durch Leiden soll der Mensch zum Leben gelangen. Warum das so ist, warum das für den Menschen gut und sinnvoll ist, warum es nicht ohne Leid besser ginge, das kann keine Vernunft erweisen. Das kann aber vom Leiden, Sterben und neuen Leben Jesu im Vertrauen auf Gott schon in der Gegenwart als sinnvoll angenommen werden, in der Gewissheit der Hoffnung auf ein Offenbarwerden des Sinnes in der Vollendung"[197].

Ohnmacht als Macht. Man kommt zu der Annahme, gerade Gottes Ohnmacht schaffe Raum für seine Macht. Eine solche Annahme finden wir etwa bei Dietrich Bonhoeffer, der betont, Gottes Macht sei überhaupt nur als Ausdruck seiner Ohnmacht denkbar. So schreibt Bonhoeffer an einer Stelle: „Die Religiosität des Menschen weist ihn in seiner Not an die Macht Gottes in der Welt, Gott ist der deus ex machina. Die Bibel weist den Menschen an die Ohnmacht und das Leiden Gottes; nur der leidende Gott kann helfen. Insofern kann man sagen, daß die [...] Entwicklung zur Mündigkeit der Welt, durch die mit einer falschen Gottesvorstellung aufgeräumt wird, den Blick frei macht für den Gott der Bibel, der durch seine Ohnmacht in der Welt Macht und Raum gewinnt"[198].

Aufgabe der Allmacht. Noch einen Schritt weitergehend, gelangt man zu einem Verständnis von Schöpfung, das die Allmacht Gottes in Frage stellt und den Menschen in die Verantwortung nimmt – und damit die Anthropodizee schöpfungstheologisch untermauert. Dazu sei auf Hans Jonas verwiesen, dessen Position ich etwas ausführlicher darlegen möchte, weil sie mir einerseits sehr zeitgemäß erscheint (Prinzip *Mensch statt Gott)*, andererseits ei-

196 H. Küng: Christ sein. München 1974, 357.
197 Küng: Christ sein, 528.
198 D. Bonhoefer: Widerstand und Ergebung, in: Dietrich Bonhoeffer. Werke, hg. von E. Bethge, Bd. 8. München 1998, 534-535.

nen klärenden Kontrast bietet zur christologisch-soteriologischen Lösung, die ich daran anschließend aufgreifen will.

4.3.3 Jonas' Gott: Verstehbar, aber nicht allmächtig

Der jüdische Philosoph Hans Jonas, der den Vernichtungslagern der Nationalsozialisten selbst nur knapp entrann,[199] nach dem Krieg jedoch von der Ermordung seiner Mutter im KZ Auschwitz-Birkenau erfuhr, hielt 1984 anlässlich der Verleihung des Dr. Leopold-Lucas-Preises der Evangelisch-theologischen Fakultät der Eberhard-Karls-Universität Tübingen einen Festvortrag mit dem Titel *Der Gottesbegriff nach Auschwitz*, der im gleichen Jahr als Buch im Suhrkamp-Verlag erschien.[200] Darin entwickelt Jonas einen Begriff von Gott als den, welcher im Zuge der Schöpfung seine Allmacht aufgibt. Jonas legt damit gleichsam die spirituelle Basis für seine Verantwortungsethik, die im Kontext der Anthropodizee besprochen wurde (vgl. Kapitel 3); den Dr. Leopold-Lucas-Preis bekam Jonas vor allem für eben diesen wirkmächtigen moraltheoretischen Entwurf verliehen.

Jonas formuliert stattdessen den „Mythos"[201] eines Gottes, der sich mit seiner Schöpfung rückhaltlos in Raum und Zeit begibt. Er gibt sich dem Zufall, dem Wagnis, dem Leben hin – mit allen Konsequenzen. Gottes „In-der-Welt-sein" bedeutet für Jonas „bedingungslose Immanenz".[202] Gott hat keine Eingriffsmöglichkeit mehr. Dennoch denkt Jonas bei „ohne Eingriffsmöglichkeit" nicht an ein deistisches Gotteskonzept (dabei wäre das Verhältnis von Schöpfer und Schöpfung durch Distanz gekennzeichnet – davon kann bei ihm aber keine Rede sein) und beim „In-der-Welt-sein" nicht an einen Pantheismus (hier ginge das göttliche Sein im Dasein der Welt auf; ein solches Gottesbild ist dem Juden Jonas fremd). Vielmehr gibt Gott nach Jonas sein Sein auf, damit die Welt sein kann, Gott entsagt seines eigenen Seins. Gott gibt sich zugunsten der Welt auf. Das erinnert an Leibniz, wobei hier die Eingriffsoption im Zuge der Begutachtung aller *möglichen* Weltentwürfe,

---

199 Der Niederrheiner Hans Jonas (geboren 1903) emigrierte im September 1933 nach London. Von dort ging er 1935 nach Jerusalem und kehrte im Juli 1945 nur kurz in seine Heimatstadt Mönchengladbach zurück. Bei diesem Besuch erfuhr er, dass seine Mutter in Auschwitz ermordet wurde. 1949 verließ Jonas Israel, ging zunächst nach Kanada und 1955 schließlich nach New York City, wo er 1993 verstarb.

200 H. Jonas: Der Gottesbegriff nach Auschwitz. Eine jüdische Stimme. Frankfurt a.M. 1987.

201 Jonas spricht in *Der Gottesbegriff nach Auschwitz* von einem „selbstdachten Mythos" (15) bzw. von „mein Mythos" (25 u. 46), um die Privatheit der Gedanken zu unterstreichen.

202 Jonas: Der Gottesbegriff nach Auschwitz, 16.

von denen Gott den besten zur Existenz bringt, erhalten bleiben, also etwa die Gebetserhörungen. Gott weiß von ihnen *vor* der Schöpfung und kann im Raum der Modalität darauf reagieren, indem er etwa eine Welt mit genau den Gebeten erschafft, deren Erhörung das *Bestmögliche* in der Welt zur Folge haben. Das ist Leibnizens Vorstellung. Bei Jonas hingegen gibt es kein modales Vorher.

Daraus resultiert ein Gottesbild, das Gott als leidend, werdend, sorgend und nicht allmächtig begreift. Der leidende Gott ist bei Jonas nicht auf den Gekreuzigten beschränkt, sondern ergibt sich aus dem Prinzip der rückhaltlosen Selbstentäußerung im Schöpfungsakt.[203] Der werdende Gott taucht ganz in die Schöpfung ein und geht verändert aus der Schöpfung hervor.[204] Der sich sorgende Gott nimmt nicht nur Anteil und unterliegt einer Veränderung durch die Rückwirkung der Schöpfung auf das Sein des Schöpfers, sondern nimmt sich der Welt sorgend an, allerdings ohne Garantie einer verändernden Einwirkung auf den Weltlauf.[205] Die entscheidende Pointe dieses Gottesbilds ist der nicht (mehr) allmächtige Gott, der zur Einwirkung nicht mal mehr eine Möglichkeit hat.

So wie Gott und Welt in Beziehung stehen, besteht auch ein Machtverhältnis zwischen Gott und Welt, zwischen Schöpfer und Geschöpf, das im Akt der Schöpfung seinen Ursprung hat, insoweit Gott darin auf seine grenzenlose Macht verzichtet. Das ist – wenn man so will – der Preis der Schöpfung. Die Konsequenz liegt nun auf der Hand: Jonas gibt – gegen die judeo-christliche Tradition – die Allmacht Gottes auf.[206] Allmacht, Allgüte und Verstehbarkeit bilden in Bezug auf Gott angesichts des Übels in der Welt ein Trilemma, d.h. immer nur zwei der drei Eigenschaften können Gott gleichzeitig zugeschrieben werden, damit ein stimmiges Bild entsteht. Das Theodizeeproblem ist – wie wir sahen – ein klassisches Trilemma, schon bei Epikur (da sind es die Eigenschaften Allwissenheit, Allmacht, Allgüte). Allmacht und Allgüte sind zusammengenommen nicht verstehbar, angesichts des Leids. Gott wird zum Rätsel. Das darf nach Jonas nicht sein.[207] Er ist bereit, Allmacht oder Allgüte zu opfern, um die prinzipielle Verstehbarkeit Gottes zu retten, weil der vollständig verborgene Gott unjüdisch sei – und auch unchristlich. Die Allgüte ist gesetzt, die Allmacht wird geopfert. Das ist der zentrale Gedanke

203 Jonas: Der Gottesbegriff nach Auschwitz, 25.
204 Jonas: Der Gottesbegriff nach Auschwitz, 27.
205 Jonas: Der Gottesbegriff nach Auschwitz, 31.
206 Jonas, Der Gottesbegriff nach Auschwitz, 33.
207 Jonas, Der Gottesbegriff nach Auschwitz, 37.

in Jonas' Ansatz zur Beantwortung der Theodizeefrage. Aus diesem Gedanken erwächst auch die zentrale Einsicht seiner Rede: „Nach Auschwitz
können wir mit größerer Entschiedenheit als je zuvor behaupten, daß eine
allmächtige Gottheit entweder nicht allgütig oder (in ihrem Weltregiment,
worin allein wir sie erfassen können) total unverständlich wäre. Wenn aber
Gott auf gewisse Weise und in gewissem Grade verstehbar sein soll (und
hieran müssen wir festhalten), dann muß sein Gutsein vereinbar sein mit der
Existenz des Übels, und das ist es nur, wenn er nicht allmächtig ist"[208].

Die Möglichkeit der verändernden Einwirkung hat Gott dabei nicht eli-
miniert, er hat sie vielmehr von sich auf den Menschen übertragen. Mit der
Erschaffung des Menschen hat Gott eine sorgende Gemeinschaft begründet,
und sich zugleich auch von dieser abhängig gemacht, also davon, dass der
Mensch dem wirklich abhilft, worum sich Gott und Mensch sorgen. Das Übel
in der Welt, das ja die menschliche Vernunft veranlasst, nach Existenz und
Rechtfertigung Gottes zu fragen (eben in der Theodizee), ist das Risiko
Gottes in diesem Übertragungsmodell. Gott muss darauf hoffen, dass der
Mensch tut, was ihm, Gott, nicht zu tun möglich ist. Denn Gott hat mit der
Schöpfung auf die Macht verzichtet, ein „Zauberer"[209] zu sein, der alles Übel
wegnehmen kann, insoweit er dem Geschöpf die Möglichkeit der Mitbe-
stimmung zugebilligt hat. Hier sei an die Wesensmerkmale des Menschen als
jenes Geschöpf erinnert: Vernunft und Freiheit. Das sind die Bedingungen
der Möglichkeit einer wirklichen Gehilfenrolle, einer „Mitschöpferschaft",
wie sie im Kontext der umweltethischen Sicht auf die Beziehung des
Schöpfer-Gottes zum Menschen als sein herausgehobenes Geschöpf diskutiert wird.[210]

Gottes Selbstentäußerung ermöglicht der Welt ihre Existenz, erlaubt ihr zu
sein. Zugleich ist nach der Selbstentäußerung Gottes der Mensch in der
Pflicht: „Nachdem er sich ganz in die werdende Welt hineingab, hat Gott
nichts mehr zu geben: Jetzt ist es am Menschen, ihm zu geben. Und er kann
dies tun, indem er in den Wegen seines Lebens darauf sieht, daß es nicht geschehe, oder nicht zu oft geschehe, und nicht seinetwegen, daß es Gott um
das Werdenlassen der Welt gereuen muß"[211]. Eine sehr schöne Formulierung

208 Jonas: Der Gottesbegriff nach Auschwitz, 39.
209 Jonas, Der Gottesbegriff nach Auschwitz, 32.
210 Zum Konzept des Menschen als „Mitschöpfer" im Kontext einer Klimaethik vgl. A. Lien-
     kamp: Klimawandel und Gerechtigkeit. Eine Ethik der Nachhaltigkeit in christlicher Per-
     spektive. Paderborn 2009, 176 f.
211 Jonas, Der Gottesbegriff nach Auschwitz, 47.

113

für die große moralische Verantwortung des Menschen für sich, die Welt und letztlich eben auch für Gott, stellvertretend für Gott und auch in diesem Sinne Gott und Gottes „Schöpfungsstrategie" rechtfertigend. Die Theodizee bekommt hier die entscheidende Wende zur Anthropodizee.

Zusammengefasst: Ein allmächtiger Gott, der nicht zu verstehen ist, bereitet Jonas mithin mehr Schwierigkeiten, als ein Gott, der zwar nicht mehr allmächtig ist, aber verstehbar bleibt. Die Aufgabe der Allmacht geschieht dabei im Zuge der Schöpfung: Damit wir zu existieren beginnen können, hört Gott partiell zu existieren auf. Der Schöpfer-Gott bindet sich selbst in seine Schöpfung ein und unterwirft sich gleichermaßem dem Leiden seiner Geschöpfe. Gott begibt sich damit in eine Schicksalsgemeinschaft mit dem Menschen. Aus Allmacht wird Ohnmacht. Zu hoffen bleibt ihm nur, so Jonas, dass der Mensch diese selbstindizierte Interdependenz von Schöpfer und Geschöpf in Verantwortung annimmt und sich mit Gott und für Gott darum bemüht, das Leid aus der Schöpfung – so weit es ihm möglich ist – zu entfernen.

Also: Nicht mehr *Wo warst Du, Gott?*, sondern: *Wo waren wir Menschen?* – ganz im Sinne der Transformation der Deutung und Bewältigung von der Theodizee zur Anthropodizee. Auf die Spitze getrieben wird dieser Ansatz von Dorothee Sölle. Gott habe „keine anderen Hände als unsere"[212], ist ein bekanntes Diktum der Theologin. Mit diesen Händen sollen wir der Ohnmacht Gottes begegnen und am Aufbau der Schöpfung mitwirken. Die Ohnmacht Gottes zeigt sich dabei am Kreuz.

4.3.4 Jesu Kreuzestod als Antwort auf die Theodizee-Frage?

Was einerseits als „Umgehungsversuch" kritisiert wird, um weiterhin „ohne Gewissensbisse die Existenz eines gütigen Gottes" behaupten zu können,[213] erscheint andererseits als die eigentliche Essenz theologischen Denkens über das Leid – „nicht Erklärung des Bösen, sondern seine Überwindung"[214].

212 D. Sölle in T. Christiansen / J. Thiele: Dorothee Sölle im Gespräch. Stuttgart 1988, 25.
213 G. Streminger: Gottes Güte und die Übel der Welt. Das Theodizeeproblem. Tübingen 1992, 179.
214 C.-F. Geyer: Die Theodizee. Diskurs, Dokumentation, Transformation. Stuttgart, 32.

Jeder Antwortversuch auf die Frage nach dem Leid aus dezidiert christlicher Sicht blickt auf das Kreuz.[215] – im Opfertod Christi verdichtet sich das Leid der Welt, der Schmerz, das ungerecht erfahrene Übel, die Ohnmacht, die Hilflosigkeit, das Ausgeliefertsein, die Verlassenheit zu einem markerschütternden Schrei, den Jesus stellvertretend für die Menschheit artikuliert: „Mein Gott, mein Gott, warum hast Du mich verlassen?"

Aus christlicher Sicht ist das Gottesbild nicht vollständig, wenn die Betrachtung der Schöpfung nicht um die Betrachtung der Menschwerdung ergänzt wird. Mit der Schöpfung geschieht, so Jonas, ein erster Wandel Gottes, die Aufgabe der Allmacht und die Annahme der Ohnmacht. Mit seiner Menschwerdung in Jesus vollzieht Gott einen zweiten Wandel. Gott wird – ganz im Sinne Jonas – tatsächlich greifbar, *verstehbar*. Jesus ist der „verstehbare Gott", weil und soweit er eben wahrer Mensch wird und wahrer Gott bleibt. Jesus ist ganz Gott und ganz Mensch, die Ohnmacht angesichts des eigenen Leids eingeschlossen.

Was bedeutet in diesem Zusammenhang „Verstehbarkeit" genau? Zweierlei: 1. die *Kongruenz der ethischen Konzepte* von Gut und Böse zwischen dem um Verständnis bemühten Menschen und dem zu verstehenden Gott und 2. die *gleiche Beurteilungskompetenz* hinsichtlich der ethischen Dimension eines Einzelereignisses von dem um Verständnis bemühten Menschen und dem zu verstehenden Gott. Es gilt also nicht mehr Leibnizens Erklärung für das Heil der Welt in unendlicher Perspektive, eine Draufsicht auf den Weltenlauf, die nur Gott hat und wir, die im *Hier und Jetzt* Leidenden, eben nicht. Garantieinstanzen dieser kongruenten Weltsicht sind die für alle Erkenntnis und Deutung bindenden Kriterien Raum und Zeit. Gott unterwirft sich in der Schöpfung (wenn Raum und Zeit entstehen) als Mensch Jesus von Nazareth diesem Rahmen.

Jesus, der für unser Heil das Leid der Welt auf sich nimmt, wird so zur „personifizierten Theodizee". Im gekreuzigten Jesus kommen Leid und Heil zusammen, denn in der Kreuzigung begegnen uns zugleich gegenwärtig erfahrenes Leid und die Erwartung künftigen Heils. Leid und Heil müssen zusammen gedacht werden, nur so wird die Sprachnot angesichts des Kreuzes – und damit des Bösen schlechthin – überwunden; in Christus bekommt

---

215 Vgl. dazu auch die Jonas-Interpretation Eberhard Jüngels: Gottes ursprüngliches Anfangen als schöpferische Selbstbegrenzung. Ein Beitrag zum Gespräch mit Hans Jonas über den „Gottesbegriff nach Auschwitz", in: Wertlose Wahrheit. Zur Identität und Relevanz des christlichen Glaubens. München 1990, 151-162.

die Theodizee-Frage eine soteriologische Antwort, und nur darin kann das volle Verständnis göttlicher Gerechtigkeit liegen.

Gleichzeitig erfährt auch Jesus die Gottferne, die Gottverlassenheit des modernen Menschen. „Warum hast Du mich verlassen?", das fragen wir ja auch, und erfahren, dass er uns gar nicht verlassen hat, sondern in Jesus Christus da ist, bei uns. Jesus hat den Moment der Verlassenheit so intensiv erlebt wie auch wir ihn angesichts des Bösen erleben. Dies kann uns Christen, die wir an diesem Bösen – an Krieg, Terror und Katastrophen, an Pandemien, Krankheiten und dem Klimawandel – zu verzweifeln drohen, als Trost dienen, nicht mehr und nicht weniger, nicht weniger und nicht mehr.

Jesus selbst stellt am Kreuz die Theodizeefrage: „Mein Gott, mein Gott, warum hast du mich verlassen?" (Mk 15, 34). Jesus zitiert hier Psalm 22, 2. Im Aramäischen lautet diese Frage *elāhī, elāhī, lemā schebaḳtáni*, in deutscher Umschrift, die auf der griechischen Umschrift des Evangelisten Markus basiert, wird daraus *elōi, elōi, lema sabachthani*. Im Hebräischen „Original" lautet die Stelle *eli, eli, lāmā azavtāni* – ganz ähnlich also, vor allem hinsichtlich des Wortes, um das es mir geht: *lemā* oder *lāmā*. Das Wort *lāmā* wird von Luther mit „warum" oder „weshalb" übersetzt. Das ist auch richtig so. Wenn man sich jedoch das hebräische Fragewort einmal genauer anschaut, zerfällt es in zwei Bestandteile: das Wort *mā*, das „was" bedeutet, und die Vorsilbe *lᵉ* (Lamed mit Schwa mobile; sprich etwa: „lö") – hier mit Qāmäs vokalisiert (langes „a", in der Umschrift: *ā*). Das Wörtchen *lᵉ* oder *lā* ist eine Präposition, die mit „für", „zu", „hinsichtlich", „in Bezug auf" übersetzt werden kann.

Wortwörtlich bedeutet *lāmā* also so viel wie „für was" oder „zu was". Man könnte *lāmā* also auch mit „wofür" oder „wozu" übersetzen. Damit bekommt die Frage Jesu eine teleologische Note. Es geht damit nicht mehr um den Grund, sondern um den Zweck, um das Ziel des Kreuzestods, um die Absicht, die Gott damit verbindet. Was hast Du, Gott, mit mir vor? Zu was soll das alles gut sein? Wohin soll das führen? An die Stelle des übermächtigen, erschlagenden *Warum* tritt das bescheidenere, richtungsweisende *Wozu*.

Hierbei tritt wieder die Perspektivänderung auf, die in der Theodizeetradition von Leibniz und Wolff bis Jonas und Sölle erkennbar ist – sei es in Ermangelung an überzeugenden Lösungen für das Ursprungsproblem des Bösen, sei es aus der fortschrittsoptimistischen Perfektibilitätsidee oder der judeo-christlichen Haltung einer Mitschöpferschaft und damit Mitverantwortung des Menschen heraus. Damit verbunden ist eine Neuorientierung hinsichtlich des erfahrenen Übels: Nachdenken über die Zukunft statt Grübeln über die Vergangenheit. Der Blick ist nach vorne gerichtet – sorgenvoll, aber nicht hoffnungslos. Vielleicht kann uns das helfen – auch über Corona hinaus. Der Blick auf das Kreuz, der Blick auf den gekreuzigten, verlassenen Jesus, der uns als der Verlassene so nahe kommt, eröffnet eine Perspektive.

Freilich: Eine Antwort auf die Frage nach dem *Ursprung* des Bösen bleibt auch das Martyrium Christi schuldig. Es zeigt aber den Sinn einer in Gott geborgenen Welt auf, auch wenn sich dieser Sinn nicht immer sofort erschließen lässt. Zudem zeigt uns das Martyrium Christi, dass die Möglichkeit besteht, das als unvermeidlich angesehene Böse zu überwinden, dem Leid zu begegnen, das nach Jonas als Herausforderung für ein in Verantwortung tätiges Menschsein verstanden werden kann. Das Leid wird überwunden – vollkommen durch die Kraft der Auferstehung und im Ansatz durch die Kraft des sozialen Handelns der Christen. So gesehen darf man in Solidarität mit allen leidenden Menschen die Theodizeefrage auch einmal auf den Kopf stellen und fragen: „Wie kann das Gute möglich sein?" Ohne die Gerechtigkeit Gottes, die sich in der Liebe Jesu zeigt, sicher nicht.

Gottes Gerechtigkeit erweist sich für das Christentum letztlich in zwei Dimensionen: 1. dem Paradies als konkreter und unmittelbarer Jenseitshoffnung (Lk 23, 43) und 2. dem Anbruch des Gottesreiches als mittelbarer und zeitlich nicht festgelegter Vorstellung (Mk 13, 32). Die Theodizeefrage verliert in diesem Horizont viel von ihrer Spannung, da Gottes Gerechtigkeit sich auch über das irdische Leben hinaus erweisen kann: Dem hier und jetzt ungetröstet Leidenden wird im Paradies Gerechtigkeit widerfahren. Alles Ausgleichende ins Jenseits zu verlagern, bleibt jedoch unbefriedigend, weil Leid unmittelbar erfahren wird und Erklärungen im bzw. für das *Diesseits* gesucht werden. Also müssen sich in und durch Jesus Christus Ansätze für ein Leidverständnis gewinnen lassen, die noch im diesseitigen Leben ihre tröstende Kraft entfalten. Es bleibt dabei: Der Schlüssel zu diesem Verständnis ist Jesu *eigenes* Leid, seine *eigene* Verzweiflung und seine *eigene* Gottverlassenheit.

4.3.5 Corona und Co.: Strafen Gottes?

Zurück zur oben angesprochenen Frage, ob es sich bei der Corona-Pandemie um eine Strafe Gottes handelt. Ich hatte es schon angedeutet: Das ist schlechte Theologie.

Dabei ist dieser Tun-Ergehen-Zusammenhang Teil vieler Erzählungen der Menschheitsgeschichte. In fernöstlichen Religionen spielt er eine große Rolle, etwa in der buddhistischen Karma-Lehre. Auch das Judentum zur Zeit Jesu sieht Leid als strafende Konsequenz der Sünde an, sowohl für eigenes Vergehen als auch für das Vergehen der Eltern bzw. vorangegangener Generationen.

Ein gutes Beispiel dafür ist das Gebet Tobits, das vom Glauben an ein generationenübergreifendes, determiniertes Verhältnis von Sünde und Strafe eindrucksvoll Zeugnis gibt: „Da wurde ich in der Seele tieftraurig, ich seufzte, weinte und begann unter Seufzern zu beten: Gerecht bist du, Herr, und alle deine Werke sind gerecht und alle deine Wege sind Barmherzigkeit und Wahrheit. Du bist der Richter der Welt. Jetzt aber, o Herr, gedenke meiner und schau gnädig auf mich! Bestraf mich nicht für meine Sünden! Durch meine Versehen und die meiner Väter habe ich vor dir gesündigt. Ich war ungehorsam gegen deine Gebote. Du hast uns preisgegeben zum Raub und in Gefangenschaft und Tod, zu Gespött und Gerede und zur Schmach unter allen Völkern, unter die du uns zerstreut hast. Auch jetzt sind deine zahlreichen Urteile wahr, nach meinen Sünden an mir zu handeln. Denn deine Gebote haben wir nicht befolgt und sind nicht in Wahrheit vor dir gewandelt. Jetzt aber, handle an mir nach deinem Wohlgefallen und befiehl, dass mein Geist von mir genommen werde! So kann ich von dieser Erde Abschied nehmen und zu Erde werden. Denn es ist besser für mich, zu sterben als zu leben. Lügnerische Spottreden habe ich gehört, tiefe Trauer erfüllt mich. Herr, befiehl, dass ich entlassen werde aus dieser Not! Entlass mich an den Ort der Ewigkeit! Wende dein Angesicht nicht von mir ab, Herr! Denn es ist besser für mich zu sterben, als viel Not anzusehen in meinem Leben und Spottreden zu hören" (Tob 3, 1-6).

Hinzu kommt, dass sich das Judentum nicht nur als Religions-, sondern auch als Volksgemeinschaft versteht. Insoweit herrscht die Vorstellung, dass die Sündhaftigkeit des Volkes auf den Einzelnen durchschlägt. Hans Jonas erwähnt diese antike Interpretationsform im Zusammenhang mit seinem Versuch, das in Auschwitz erfahrene Leid zu deuten,[216] das sich, so Jonas, jedoch nicht in das Schema von Tun (Ursache) und Ergehen (Folge) einordnen lasse, d.h. aus der Verfehlung des jüdischen Volkes herzuleiten sei, aus der Untreue Israels gegenüber dem Bund mit Gott. Diese „klassische" hermeneutische Denkform muss angesichts des unfassbaren Grauens der Schoah scheitern, eines „Fluch[s], der jeder Sinngebung spottet"[217]. Grundsätzlich jedoch gilt in der jüdischen Interpretation des Übels: Wer sich individuell oder kollektiv gegen Gott auflehnt, der hat die Folgen des Verhaltens zu tragen und wer leidet, der muss Gott zuvor einen Grund gegeben haben, dass er ihn so leiden lässt.

Jesus räumt damit auf – radikal. Als er mit seinen Jüngern einen „von Geburt an Blinden" trifft, wollen diese vom Herrn nur wissen, wer die Sünde begangen hat – er selbst oder seine Eltern (vgl. Joh 9, 2). Leid ist also in den Augen der Jünger stets etwas „Gerechtes", etwas, das der Leidende „verdient" hat – eine „Strafe Gottes". Auch die Pharisäer bezeichnen den Blindgeborenen in Sinne dieses festen Schuld-Strafe-Konnex als „ganz und gar in Sünden geboren" (Joh 9, 34). Jesus verwirft diese Einschätzung: „Weder er noch seine Eltern haben gesündigt, sondern das Wirken Gottes soll an ihm offenbar werden" (Joh 9, 3). Jesus heilt den Blinden – ein Skandal, der eine intensive Befragung des Geheilten nach sich zieht, zumal die Heilung am Sabbat geschah – und schafft damit zugleich ganz neue Verhältnisse, in denen „die Blinden sehend und die Sehenden blind werden" (Joh 9, 39).

An anderer Stelle, als man gerade dabei ist, die neuesten Katastrophenmeldungen im Sinne des Tun-Ergehen-Zusammenhang zu diskutieren, schaltet sich Jesus ebenfalls ein: „Jene achtzehn Menschen, die beim Einsturz des Turms von Schiloach erschlagen wurden – meint ihr, dass nur sie Schuld auf sich geladen hatten, alle anderen Einwohner von Jerusalem aber nicht? Nein, im Gegenteil: Ihr alle werdet genauso umkommen, wenn ihr euch nicht bekehrt" (Lk 13, 4-5).

Leid bekommt damit eine grundsätzlich andere Deutung – weg von der Strafe hin zur Bewährungschance. Jesus zielt mit seiner Ablehnung der jüdischen Denkform des Tun-Ergehen-Zusammenhangs aber nicht auf eine „Be-

---

216 Jonas: Der Gottesbegriff nach Auschwitz, 11.
217 Jonas: Der Gottesbegriff nach Auschwitz, 13.

währung" im Aushalten von Leid mit Aussicht auf irdische „Belohnung".[218] Stattdessen bekommt das Leid die Funktion einer Chance zur Umkehr. Nach Heilungen Jesu von körperlichen oder seelischen Leiden erfolgt häufig die Aufforderung an den Geheilten, künftig im Gedenken an die Heilstat nicht mehr zu sündigen, wohlwissend, dass dies nicht aus eigener Kraft, sondern nur mit Hilfe Gottes gelingen kann. Damit trifft Jesus das, was heute oft als „Jede Krise bietet eine Chance" zusammengefasst wird. Für ihn bietet sich die Möglichkeit zur spirituellen Erneuerung, der religiösen Variante von moralischer Vervollkommnung.[219]

Auch im Kontext von Corona gilt: Leid ist keine Strafe, sondern Chance zur Veränderung hin zum Guten, gleichsam „Zeichen". Die Transformation von den Ursachen und Gründen (Warum?) hin zu den Zwecken (Wozu?) ermöglicht Umkehr. Leid kann so schließlich ein Schritt in neues, besseres Leben sein – im moralischen Sinne, aber auch im Sinne des wissenschaftlich-technischen Fortschritts. Das gilt besonders heute, in Zeiten der Corona-Pandemie, in der die Erfolge (BioNtech), aber auch zwischenzeitliche Misserfolge (CureVac) bei der Impfstofferforschung die Medizin weiterbringen,[220] und in der die globale Solidarität ein Schlüssel zur Überwindung der Krise ist, etwa bei der Frage einer gerechten Verteilung der verfügbaren Impfstoffe, so dass diese für *alle* Menschen zugänglich werden[221]. Wissenschaftlich-technische Leistungsfähigkeit und globale Solidarität werden auch bei der Überwindung der Klimakrise nötig sein. Dies in den Vordergrund zu stellen, ist gute Theologie.

218 Das Aushalten des Leides als Grundvollzug des Glaubens, der den Aspekt der Verherrlichung Gottes durch den unbeirrt am Glauben festhaltenden Menschen betont, wird als Erklärungsansatz nirgendwo in der jüdisch-christlichen Tradition so deutlich erkennbar wie in der Person Hiobs. Durch das Leid wird seine Entscheidung, an Gott zu glauben und ihm gehorsam zu sein, nicht erschüttert, sondern weiter gefestigt. Am Ende „lohnt" sich die Treue: Hiob steigt als großer Gewinner aus seiner tiefen Lebenskrise empor. An eine solche Restitution, die auch wieder „erwartbares" Ergebnis im Rahmen der Logik des Tun-Ergehen-Zusammenhangs ist, denkt Jesus nicht.
219 Das Motiv der Besserung des Menschen durch die göttlich initiierte leidvolle Erziehung tritt dann – wie wir sahen – auch bei Leibniz, dann insbesondere bei seinem Epigonen Christian Wolff auf, im Rahmen individueller und kollektiver Perfektibilität.
220 Zum Fortschritt gehören auch Rückschläge. Um es mit Thomas Alva Edison zu sagen: „Ich bin nicht 10.000 Mal gescheitert. Ich habe erfolgreich 10.000 Wege gefunden, die nicht funktionieren." Und: „Unsere größte Schwäche liegt im Aufgeben. Der sichere Weg zum Erfolg ist immer, es doch noch einmal zu versuchen."
221 Ob dafür die Patente freigegeben werden sollten (NGOs wie *Oxfam* fordern dies, US-Präsident Biden hat dafür Sympathien), oder ob es ausreicht, den ärmeren Ländern eine bestimmte Menge an Impfdosen zu finanzieren, wie die EU es bevorzugt und die G7-Staaten es beschlossen haben, ist umstritten.

4.3.6 Was bleibt?

Die Antwort auf das Leid ist keine Erklärung, sondern eine Tat: Gott stellt sich am Kreuz mitten in die Wirklichkeit des Leids aller Unschuldigen. Die Frage nach der Ursache wird zur Frage nach den Konsequenzen: Warum Gott das Böse und das Übel zulässt, wissen wir nicht – wenn wir von der wenig tröstlichen metaphysischen Notwendigkeit unter der Maßgabe von Freiheit einmal absehen, wie sie Leibniz benennt. Aber wir können vielleicht ein Wozu erahnen, denn wir wissen, dass Gott über die Freiheit auch das Gute in der Welt ermöglicht, und insoweit das Böse und das Übel möglicherweise deshalb zulässt, damit das Gute sichtbar wird und immer stärker werden kann. Dann wäre es unsere Aufgabe, das Böse zu überwinden – durch das Gute. Wenn das Böse die Abwesenheit des Guten ist, dann verschwindet es, wenn das Gute anwesend ist. Das könnte zumindest das Problem des *malum morale* aus der Welt schaffen, auch wenn diese damit nicht zu einem Ort ewiger Freuden wird. Dafür steht allein das Reich Gottes, das sich uns einst öffnen wird. Daran glauben wir, wenn wir an Gott glauben als den Vater, den Sohn und den Heiligen Geist.

4.4 Wissenschaft: Keine übertriebene Skepsis, bitte!

Die religiöse Deutung der Corona-Pandemie und des Klimawandels darf nicht die Augen davor verschließen, was die Wissenschaft leistet. Sie stellt Tests und Impfstoffe bereit (Corona), ermittelt Daten und modelliert Zukunftsszenarien (Klima). Wissenschaftsfeindliche „Querdenker"-Idiotie und die penetrante Leugnung des anthropogenen Klimawandels sind z.T. auch religiös motiviert. Es ist erschreckend, mit anzusehen, was Menschen dem christlichen Glauben zuschreiben und aus welchen Gründen sie das tun. Sie sind zu weitreichender Preisgabe auch eigener Tradition bereit, wenn es denn zur Bestätigung ihrer „skeptischen" Haltung dient.[222] Es zeigt sich in

222 Diese bittere Erfahrung musste ich machen. Auf einen Artikel zum Thema Klimawandel für die englischsprachige Website *Catholic365* erhielt ich ausschließlich negative Rückmeldungen, die alle darauf basierten, dass es den von mir behaupteten anthropogenen Klimawandel nicht gebe, da es ihn eingedenk der biblischen Schöpfungserzählung nicht geben könne, schließlich habe Gott, der Schöpfer aller Dinge, seine Schöpfung für gut befunden. Von der fragwürdigen Bibelexegese einmal abgesehen – das Pikante an der Sache war, dass ich meine steile These vom anthropogenen Klimawandel mit Aussagen von Papst Johannes Paul II., Papst Benedikt XVI. und Papst Franziskus belegt hatte, die aus Verlautbarungen ihrer jeweiligen Amtszeiten stammen. Mein Artikel bestand zu gut zwei Dritteln

dieser „Skepsis" ein nahezu komplettes Unverständnis hinsichtlich Wesen und Bedeutung wissenschaftlich-technischer Forschung und deren Erklärungsleistung. Die Folgen dieses „Querdenkens" sind selbst Teil der Krise, insoweit sie die Katastrophe perpetuieren (man denke an die „Super-Speader-Demos" gegen Corona-Auflagen, man denke aber auch an den mangelnden Veränderungswillen beim Klimaschutz, der aus Ignoranz resultiert).[223] Kommen wir zur Wissenschaft und betrachten diese, v. a. im Zusammenhang mit dem Klimawandel.

4.4.1 Auch nur ein Glaubenssystem?

Ohne jeden Zweifel hat die wissenschaftliche Forschung zu großen Errungenschaften geführt. Wissenschaft hat aber auch prinzipielle Erkenntnisgrenzen – deren spekulative, gläubige Überschreitung der philosophischen Betrachtung und der religiösen Vergewisserung obliegt. Physik führt zur Kenntnis der Dinge, wie sie uns erscheinen, Metaphysik zu den Dingen an sich, Religion zu dem, der die Dinge schuf. Wissenschaft und Religion – ich hatte es zu Beginn dieses Kapitel angedeutet – nutzen unterschiedliche Methoden, die beide hinsichtlich der je anderen Fragen ihre Berechtigung haben. Ein Problem besteht nun nicht nur darin, wenn mit der Bibel Wissenschaft betrieben werden soll (was nicht geht, denn dafür sind die Bücher der Bibel nicht geschrieben worden), sondern auch dann, wenn sich Wissenschaft als Weltanschauung und „Ersatzreligion" bzw. Religionsersatz geriert (Szientismus), also die Grenzen der eigenen Fragestellungen und Erkenntnismöglichkeiten nicht akzeptiert. Die wissenschaftlich-technische orientierte säkulare Welt weicht in ihrem Drang, alles umfassend deuten zu sollen und in ihrer Hybris, dies auch zu können, gerne auf religiöse Sprachspiele aus – die „Umweltsünde" ist nur ein Beispiel. So macht sich die Wissenschaft verdächtig, auch nur ein Glaubenssystem zu sein. Angriffe von Vertretern originärer Glaubenssysteme laufen dann oft über genau diese Schiene.

Aber mal ganz offen gefragt: Ist es denn nicht so, dass der wissens- und wissenschaftsbasierte Klimaschutz längst selbst religiöse Dimensionen angenommen hat und damit Religion, Christentum und Kirche zu ersetzen droht? Müsste sich da nicht jede und jeder, dem die religiöse Dimension des Men-

---

aus Papst-Zitaten. Meine Geschwister im Glauben kritisierten also im Grunde nicht mich, sondern die Haltung des Vatikan der letzten 40 Jahre.
223 Vgl. dazu die in der Einführung erwähnte FAKKEL.

schen wichtig ist, der das Christentum als Quelle gelungener Lebensführung erfahren hat und die Katholische Kirche als Instanz der feierlichen rituellen Vergegenwärtigung des Glaubens in Geschichte und Gegenwart hochschätzt, müsste sich also nicht jede aufrechte Christin und jeder wahre Christ mit Händen und Füßen gegen den Klimaschutz wehren? Weil und soweit sie eine „Ersatzreligion" anbietet: den „Kohlendioxidkult"? Und müsste sich die Kirche insgesamt nicht deutlich von der Klimaschutzbewegung abgrenzen?

Industrialisierung als Sündenfall, Klimawandel als großer Schuldzusammenhang, Klimaschutz als Erlösung, CO_2-Steuer als „Zehnter", Emissionszertifikate als Ablassbriefe, die dekarbonisierte Wirtschaft als „Himmel auf Erden", Greta Thunberg als Prophetin,[224] die Jugend der Welt als ihre Jüngerschaft – oft hat man in der Tat den Eindruck, als ginge es allein um eine neue Form der Sinnstiftung, um die Übertragung religiöser Ideen von Schuld, Erlösung und Heiligkeit auf ein innerweltliches Phänomen und säkulare Instanzen. So, als suchten Menschen, die mit der Kirche gebrochen haben, nach einem neuen spirituellen Ventil und einer neuen Gelegenheit, das Herz rein und die Seele heil werden zu lassen. So, als fänden diese Menschen ebendies im Engagement für den Klimaschutz.

Sicher: Es gibt deutliche Parallelen zwischen Religion und einer klimasensiblen Lebensweise, gerade weil dabei klassische Formen kollektiver Selbstvergewisserungsrituale aufgenommen werden. Die „Fridays For Future"-Demos haben nicht nur faktisch etwas von „Prozessionen", sondern gleichen in ihrer Regelmäßigkeit den Ritualen der abrahamitischen Religionsgemeinschaften: Freitagsgebet, Sabbatsegen, Sonntagsmesse. Zu einem festen Zeitpunkt und an festem Ort finden sie statt, mit klaren, unveränderlich wirkenden Riten und Gesten, basierend auf „Dogmen", in griffige, jugendsprachliche Parolen gekleidet. Die Globalität der Bewegung hat jene geographische und soziale Entgrenzungseigenschaft, die man von religiösen Bewegungen – nicht zuletzt vom Christentum – kennt. Die Tatsache, dass Klimaschutz auch auf Alltagsgewohnheiten wie die Ernährung zielt, erinnert sehr stark an die zahlreichen konkreten Vorschriften vieler Religionen, gerade auch die Speiseordnung betreffend. Auch das Tabu, das viele Religionen kennen, erfährt in

---

224 Ungewollt befeuert durch oberflächlich rezipierte Vergleiche aus der Katholischen Kirche selbst, vgl. Eigene Lösungen. Bischof Jung: Greta lehrt wie David die Großen das Fürchten, in: Domradio.de, 8.7.2019 (URL: https://www.domradio.de/themen/bist%C3%Bcmer/2019-07-08/eigene-loesungen-bischof-jung-greta-lehrt-wie-david-die-grossen-das-fuerchten, abgerufen am 12.5.2021).

der tendenziell enttabuisierten westlichen Gesellschaft eine Renaissance: Flugreise und Fleischkonsum – damit gibt es wieder was zum Anecken.

Zugegeben – das ist eine sehr vage qualitative Analyse eines komplexen Phänomens, mit sehr begrenzter Aussagekraft. Es kann im Einzelfall wirklich so sein, dass Klimaschutz quasireligiös überhöht wird, diese Einzelfälle sollten aber nicht die vernünftige Absicht diskreditieren, zu einer dringend notwendigen Reform der Art und Weise zu gelangen, wie wir leben, insbesondere, wie wir uns ernähren, wie wir uns fortbewegen und wie wir wohnen. Ersatzreligionen gibt es zudem viele, auch in anderen Kontexten finden wir heute „besonders fromme Menschen" (Apg 17, 22), etwa, wenn es um Fußball geht oder um andere Dinge, die uns „heilig" sind. Auch der Klimaschutz *kann* eine solche Funktion haben, er muss es aber nicht. Pauschal auf das Engagement (vor allem) junger Menschen gemünzt ist „Klimareligion" ein Kampfbegriff, der nichts weiter austrägt als dieses Engagement unsachlich zu diffamieren. Mehr noch: Menschen mit eigener „Herkunftsreligion" vom Engagement für das Klima abzuhalten. Und damit wird die Polemik geradezu absurd. Klimaschutz kann nämlich sehr wohl auch Teil bestehender religiöser Vorstellungen sein bzw. auf diesen basieren, etwa auf dem judeochristlichen Menschenbild und der daraus resultierenden Schöpfungsverantwortung.

4.4.2 Was leistet die Klimaforschung?

Man sollte wissen, was man kritisiert, bevor man es kritisiert. Wer die Klimaforschung pauschal als „Hokuspokus" oder „ideologisch verseucht" diskreditiert und die Methodik der Modellierung für bloße „Kaffeesatzleserei" hält, sollte sich mit Geschichte und Gegenwart der Klimaforschung und mit den Modellen näher beschäftigen.

Geschichte. Die Wissenschaftsgeschichte der Entdeckung und Erforschung des anthropogenen Klimawandels begann 1824 mit der Arbeit des französischen Physikers Jean-Baptiste Joseph Fourier zur Regelung der Erdtemperatur (später „Treibhauseffekt" genannt) und endet vorläufig mit dem Fünften Sachstandsbericht des *Intergovernmental Panel on Climate Change* (IPCC) aus dem Jahr 2014, in dem die Forschungsbeiträge zum Klimawandel zusammengefasst und ausgewertet sind. Dazwischen liegen John Tyndalls experimenteller Nachweis von Treibhausgasen (1859) und damit die Stützung der Thesen Fouriers zum Treibhauseffekt, die erste Schätzung der Klimasensitivität durch Svante August Arrhenius (1896), die erste erklärende Verbindung von Treibhausgasen und Temperaturerhöhung durch Guy Stewart Callendar (1938) und damit die Erkenntnis eines anthropogenen Klimawandels, die Bestätigung dieser Erklärung durch umfangreiche Feldversuche zum Kohlenstoffkreislauf von Charles David Keeling (1957), der damit die Grundlage für bis heute permanent vervollständigte Messreihen schuf, die Entwicklung erstes computergestützter Klimamodelle durch Syukuro Manabe (1975), die Entdeckung des so genannten „abrupten Klimawandels" durch Wallace S. Broecker (1987), der den Begriff der „tipping points" (vgl. Kapitel 1.1.2.9) prägte sowie die ersten vier Sachstandsberichte des 1988 gegründeten IPCC (1990, 1995, 2001, 2007). Diese Darstellung der nunmehr fast 200-jährigen Geschichte der Klimawandelforschung fand ich in hervorragender (weil knapper und verständlicher) Weise zusammengefasst in *Streitfall Klimawandel* (2014) von Mike Hulme, Gründungsdirektor des Klimaforschungszentrums Tyndall an der University of East Anglia (Großbritannien).[225]

Wichtig anzumerken ist, dass sich die Theorie vom anthropogenen Klimawandel erst allmählich (und gegen anfänglich große Skepsis) in der zweiten Hälfte des 20. Jahrhunderts entwickelte, insbesondere, als in den 1950er Jahren die ersten Großrechner die Thesen von Arrhenius und Callendar bestätigten und die Feldversuche Keelings weiteren Aufschluss gaben. Hans E. Suess wies 1955 durch die Analyse radioaktiver Isotope prähistorischen Kohlenstoff in der Atmosphäre nach, der sich kaum anders erklären ließ als durch die Abgase aus der Verbrennung fossiler Energieträger. Aus diesen Mosaiksteinchen entstand nach und nach ein Bild, das bis zum Ende des 20. Jahrhunderts immer aussagekräftiger wurde, geschärft durch immer mehr Belege für den anthropogenen Klimawandel. Doch in der Forschungsgeschichte zum Klimawandel findet man bis in die 1990er Jahre hinein durchaus heftige Kontroversen zur Frage, was Ursache der globalen Erwärmung sei (und ob diese überhaupt stattfinde), Kontroversen, die sich mittlerweile in einem Konsens aufgelöst haben.[226]

Gegenwart. Heute arbeitet die Klimaforschung mit Modellen. Computermodelle sind das „Basiswerkzeug für Klimawandelvorhersagen"[227]. Das Klima wird damit als „System" aufgefasst, das sich modellieren lässt. Das Klima-

---

225 M. Hulme: Streitfall Klimawandel. Warum es für die größte Herausforderung keine einfachen Lösungen gibt. München 2014, 73-86.
226 Vgl. dazu Bordat: Kirche im Klimawandel, 92-117.

system ist zu komplex für einfache Erklärungen, aber nicht zu komplex für Modelle. Ein Modell wirkt komplexitätsreduzierend, das bedeutet, es macht große, komplizierte Systeme in ihren wesentlichen Mechanismen und Funktionen verständlich. Klimamodelle sollen das Klimasystem angemessen genau beschreiben, zugleich sollen sie rechentechnisch handhabbar sein. Das Modell ist damit die exakteste gerade noch darstellbare Repräsentation der Wirklichkeit.

Modelle sind nötig – wir wollen ja schließlich etwas über die Zukunft wissen. Die prognostische Qualität der Modellierung – auf der Basis gut bestätigter (nicht „bewiesener") Annahmen – ist essentiell für die politische Bedeutung der Klimaforschung, da nur die Prognose handlungsleitend ist. Was vorbei ist, ist vorbei. Ändern können wir nur, was – nach allem, was wir heute wissen – noch kommen wird.

Das Problem der Modellierung liegt nun auf der Hand: Modelle sollen einfach sein, aber nicht banal. Sie sollen nichts weglassen, das nötig ist, zugleich jedoch mit so wenig Informationen wie möglich auskommen. Die moderne Klimaforschung tendiert in diesem Zielkonflikt dazu, lieber die Computer etwas länger rechnen zu lassen als im Ergebnis ungenau zu werden. Um ein Jahrhundert Klimaentwicklung im Modell zu simulieren, brauchen die eingesetzten Hochleistungscomputer Wochen oder gar Monate. Zeit ist Geld – auch in der Wissenschaft. Doch die hohen Ansprüche an die Genauigkeit der Vorhersagen wiegen schwerer.

Die Klimamodelle werden seit nunmehr über 40 Jahren immer weiter entwickelt. Es gab und gibt natürlich auch unter den Modellen mehr oder weniger valide Vertreter. Die am besten bestätigten Modelle „überleben" im wissenschaftlichen Diskurs und bieten eine hinreichend gute Grundlage, um zumindest Tendenzen festzustellen. Dass auch die Prognosen – je nach Modell – voneinander abweichen, ist klar, auch, dass man daran arbeiten muss, die Breite des Vorhersagekorridors immer weiter zu reduzieren. Aber das passiert ja auch. Klimaforschung ist ein komplexes Unternehmen, in dem viele gute Leute auf der ganzen Welt arbeiten.

Es gibt derzeit weltweit etwa zwanzig Klimamodelle, die fortlaufend verfeinert werden. Um die Modelle miteinander hinsichtlich ihrer prognos-

---

227 T. Flannery: Wir Wettermacher. Wie die Menschen das Klima verändern und was das für unser Leben auf der Erde bedeutet. Frankfurt a.M. 2006, 179.

tischen Qualität zu vergleichen, wurden Standardexperimente entworfen, mit denen sie getestet und kontinuierlich optimiert werden können. Eines davon basiert auf einem direkten Vergleich von Modell und Realität: Man speist die bereits bekannten Daten zu den Faktoren für das Klima des 20. Jahrhunderts in die jeweiligen Modelle ein und lässt sie die Klimaentwicklung in diesem Zeitraum nachträglich berechnen. Ihre Güte ergibt sich dann aus der Differenz von Simulation und Wirklichkeit, aus der Größe des Unterschieds zwischen berechneten Werten und gemessenen Werten – je geringer, desto besser.

Die Algorithmen aller Computermodelle sind ihrerseits an Messungen und Beobachtungen orientiert. Nur so ergeben sie grundsätzlich Sinn. Sie müssen im Hinblick auf die Klimadaten der Vergangenheit bewährt sein. Abweichungen von Modell zu Modell entstehen etwa durch unterschiedliche Annahmen hinsichtlich des Ausmaßes von künftigen Wechselwirkungen der Einflussfaktoren. Doch auch diese Annahmen müssen plausibel sein. Sie werden zudem offengelegt, so dass man nachvollziehen kann, aus welchen Gründen und unter welchen Umständen Abweichungen dieser Modellrechnung zu anderen Modellrechnungen auftreten.

Messen kann man nur, was bereits geschehen ist, die Zukunft lässt sich nur berechnen. Das ist der Clou der Modellierung: zu berechnen, was man nicht messen kann. Wenn nun für die Vergangenheit Messung und Modell eng beieinander liegen, so kann man annehmen, dass für die Zukunft Modell und Messung nicht allzu weit voneinander abweichen. Modelle sagen uns nicht mit Sicherheit, was passiert, doch sie basieren auf sinnvollen Annahmen und lassen uns erkennen, was wir zu erwarten haben. Sie erlauben im Rahmen dessen, was wir überhaupt wissen können, vernünftige Zukunftsprognosen.

Das bedeutet: Es sind Prognosen möglich, die mit einer Unsicherheit behaftet sind. Das ist immer so, das haben Prognosen nun mal so an sich.[228] Zukunftsaussagen sind immer mit einem Wahrscheinlichkeitswert verknüpft – und dieser liegt immer unter 1 (also: unter 100 Prozent). Mit absoluter Sicherheit wissen wir nichts, wenn wir von der Zukunft sprechen. Das heißt aber nicht, dass es irrational ist, sich an den validen Prognosen und gut begründeten Szenarien der Klimaforschung auszurichten.

---

228 Das Wort *Prognose* ist daher irreführend: Das griechische Wort πρόγνωσις bedeutet „Vorher-Wissen"; eigentlich müsste man aber sagen: „Vor-Ahnung" oder gar „Vor-Meinung".

4.4.3 Was können wir wissen?

Doch noch einmal einen Schritt zurück: Was können wir überhaupt wissen? So fragen viele „Klimaskeptiker", so fragte auch Immanuel Kant. Diese Frage markiert den Gegenstand der Epistemologie als philosophischer Basisdisziplin: das Nachdenken über die Bedingungen der Möglichkeit von Erkenntnis. Aus diesen grundsätzlichen Überlegungen entstand – eingedenk der Tatsache, dass Erkenntnis immer mehr eine Angelegenheit der akademischen Forschung wurde – die Theorie des Wissens und der Wissenschaft. Wissenschaftsphilosophie gehört heute zum Hauptarbeitsbereich der Theoretischen Philosophie, als Wissenschaftsethik auch der Praktischen Philosophie. Als Philosophie der Wissenschaft wurde sie im 20. Jahrhundert von so unterschiedlichen Denkern wie Hempel, Carnap und Popper, oder auch von Kuhn, Fleck, Feyerabend und Gadamer geprägt.

An diesen Namen zeigt sich schon, wie wichtig eine Differenzierung des Gegenstands bei der Erforschung der Möglichkeitsbedingungen des Erkenntnis- und Wissensfortschritts ist: Geht es um Naturwissenschaft (das war Hempels, Carnaps und Poppers Perspektive), um Sozialwissenschaft (zu dieser passen eher die Ansätze Kuhns, Flecks und Feyerabends) oder um Geisteswissenschaft (für die Gadamer eine eigene Methodenanalyse bot)? Das Technische, das Soziale, das Humane, die Natur und die Kultur erheben jeweils ganz spezielle Ansprüche, wenn wir uns ihnen mit Erkenntnisinteresse nähern. Diese Differenz muss sich in der Wissenschaftsphilosophie deutlich niederschlagen.

Es gibt Abstufungen der Gewissheit von Erkenntnis. Es gibt Logisches, es gibt Beobachtetes und es gibt hinreichend gut bestätigte Theorien, die aus beidem bestehen. Damit sind die Theorien selbst weder logisch (Sie beschränken sich nicht auf rein analytisch behandelbare Zeichenketten, sondern verbinden Wahrnehmung und Denken zu synthetischen Aussagen über die Welt.) noch in Gänze beobachtbar (Es sind keine Tatsachen.), aber sie sind – wenn sie sich im Diskurs durchsetzen – eben hochplausibel und das beste, was derzeit auf dem wissenschaftlichen Markt ist. Von daher muss man erst mal mit ihnen rechnen – im wahren Sinne des Wortes, wenn es um die Modellierung geht.

Eine gute wissenschaftstheoretische Analyse der modellorientierten Klimaforschung bieten die Autorinnen und Autoren in ihrem Beitrag „Philosophie der Klimawissenschaften" in dem von Simon Lohse und Thomas Reydon herausgegebenen *Grundriss Wissenschaftsphilosophie. Die Philosophien der Einzelwissenschaften* (2017).[229] Wissenschaftstheorie ist in erster Linie Methodenanalyse und Methodenkritik. Es geht darum, *wie* Erkenntnis entsteht und zu Wissen wird. Die vorgeschaltete Frage, *ob* wir *überhaupt* Erkenntnis und Wissen erlangen können, wäre eine der Erkenntnistheorie. Die hat der Wissenschaftstheoretiker längst bejaht, ehe er sich der Wissenschaft als seinem Erkenntnisobjekt nähert – logisch! Denn: Ohne Wissen keine Wissenschaft, ohne Wissenschaft keine Theorie der Wissenschaften.

Die Wissenschaftstheorie muss ihren Gegenstand, die Wissenschaft, kritisch reflektieren. Das tut sie auch im Hinblick auf die Klimaforschung, auch wenn klar sein muss: „Kritische Wissenschaftstheorie ist keine Handlangerin des Klimaskeptizismus"[230].

---

229 S. Lohse / T. Reydon: Grundriss Wissenschaftsphilosophie. Die Philosophien der Einzelwissenschaften. Hamburg 2017.
230 Ebd.

4.5 Kurzer Schlussappell

Corona und Klima. Pandemie und Klimawandel. Beziehungsstörung[231] und Zerstörung der Lebensgrundlagen. Nur im Verbund aller kulturellen Ressourcen, aller Sinn-Quellen des Menschen lässt sich eine Bewältigungsstrategie entwickeln. Religion, Wissenschaft resp. Technik und das politische, ökonomische und soziale Handeln des Menschen, sein konkretes Verhalten, können dabei helfen. Sie können es – davon bin ich zutiefst überzeugt – nur gemeinsam.

Wir leben in einer Welt der Erscheinungen, wir erleben die Welt als Schein – an das Sein der Dinge gelangen unsere Sinne nicht heran. Unser Verstand kann sich allenfalls Vorstellungen machen von diesem Ideal. Anhand dieser Bilder müssen wir die Realität deuten. Dabei helfen Deutungsmuster. Wir leben vor allem in einer Welt der Entscheidungen – etwa für oder gegen ein bestimmtes Deutungsmuster. Zudem haben wir Freiheit – und damit Verantwortung. Wir können durch unser Handeln den Lauf der Dinge verändern. Es kommt auf uns an, hängt aber nicht von uns ab. Wir sind nicht Herr der Geschichte – das ist Gott.

Die Bewältigung jeder Krise geschieht zunächst aus dem Glauben heraus, der das Vertrauen schenkt, zum Ob der Veränderung unseres Verhaltens beherzt Ja zu sagen. Denn das ist ein Willensakt,[232] dem starke Motive im Rücken stehen müssen. Der religiöse Glaube ist solch ein Motiv. Die Bewäl-

---

231 „Virologen sagen, dass Viren immer dann auftreten, wenn die Beziehung eines Organismus zu seiner Umwelt gestört ist. Das passt natürlich perfekt in meine Theorie. Ich würde also sagen: Dieses Virus macht deutlich, dass die Weltbeziehung dieser Gesellschaft gestört ist. Die Grundbeziehung zur Welt ist das Atmen. Und die fundamentalste Form der Weltbeziehungsstörung ist, wenn ich dem Atmen nicht mehr trauen kann, wenn ich nicht mehr unbesorgt ein- und ausatmen kann. Ich brauche jetzt einen Filter zwischen mir und der Welt. Das ist eine größtmögliche Verunsicherung, denn der Erdboden und die Luft sind das Fundamentalste, was wir kennen. Ich kann mir selbst nicht mehr trauen – vielleicht ist das Virus schon in meinem Körper. Und ich kann den anderen nicht mehr trauen – vielleicht stecken sie mich an. Wenn die Weltbeziehung von einem derart fundamentalen Misstrauen geprägt ist, habe ich auch wenig Grund, meinen Politikern zu trauen. Hier fundamentalisiert sich also das Misstrauen und dadurch könnte eine neue Form von Wutbürgertum entstehen." – Der Soziologe Hartmut Rosa in einem Interview auf die Frage „Inwiefern stützen die pandemischen Erfahrungen Ihre Theorie, dass die Beziehung von Mensch und Welt in der Moderne gestört ist?", in: Taz.de, 24.4.2021 (URL: https://taz.de/Soziologe-Hartmut-Rosa-im-Gespraech/!5 763 329/, abgerufen am 26.4.2021).

232 Das griechische Wort für „Umkehr", das 21 Mal im Neuen Testament vorkommt, lautet μετάνοια, zu deutsch: Sinnes- oder Willensänderung.

tigung wird ihrerseits von dem Wissen gespeist, das uns die konkreten Informationen gibt, das Wie der Veränderung betreffend. Ohne Regress auf einen erprobten Wissensbestand geht die Krisenbewältigung nicht. Es gilt auch in der Krise – und gerade in der Krise! –, was Albert Einstein sagte: „Wissenschaft ohne Religion ist lahm, Religion ohne Wissenschaft ist blind."[233]

233 A. Calaprice (Hg.): Einstein sagt. Zitate, Einfälle, Gedanken. München 2005, 180.

Zum Autor

Josef Bordat (Dipl. Ing., Dr. phil.) studierte Wirtschaftsingenieurwesen, Soziologie und Philosophie in Berlin und wurde am Institut für Philosophie, Wissenschaftstheorie, Wissenschafts- und Technikgeschichte der Technische Universität Berlin promoviert. Seit Oktober 2020 Student der Katholischen Theologie an der Humboldt-Universität zu Berlin.

Bordat arbeitet als freier Autor, insbesondere zu Fragen im Spannungsfeld von Ethik, Politik und Recht sowie zum Verhältnis von Religion und Wissenschaft. – Zahlreiche Veröffentlichungen zum Thema: Das Böse und die Gerechtigkeit Gottes, in: Engel, G. / Gruber, M.-C. (Hg., 2007): Bilder und Begriffe des Bösen. Berlin, S. 13-27; Technodizee. Über die Bedeutung von „gut" und „böse" in der Technik (2007), URL: http:// www.aurora-magazin.at/gesellschaft/bordat_technik_frm.htm; Ethik in Zeiten des Klimawandels, in: Voss, M. (Hg., 2010): Der Klimawandel. Sozialwissenschaftliche Perspektiven. Gütersloh, S. 189-204.

MIX

Papier | Fördert
gute Waldnutzung

FSC® C083411

Zeitfracht Medien GmbH
Ferdinand-Jühlke-Straße 7
99095 Erfurt, Deutschland
produktsicherheit@kolibri360.de